Radfernweg Berlin-Usedom

Von der Metropole an die Ostsee

Ein original *bikeline*-Radtourenbuch

Esterbauer

bikeline®-Radtourenbuch Radfernweg Berlin-Usedom

A-3751 Rodingersdorf, Hauptstr. 31
Tel.: ++43/2983/28982-0, Fax: -500
E-Mail: bikeline@esterbauer.com
www.esterbauer.com

1. Auflage 2006

ISBN-10: 3-85000-203-9
ISBN-13: 978-85000-203-5

Bitte geben Sie bei jeder Korrespondenz die Auflage und die ISBN an!

Dank an alle, die uns bei der Erstellung dieses Buches tatkräftig unterstützt haben.

Das *bikeline*-Team: Birgit Albrecht, Heidi Authried, Beatrix Bauer, Grischa Begaß, Karin Brunner, Anita Daffert, Nadine Dittmann, Stefan Dörner-Schmelz, Sandra Eisner, Roland Esterbauer, Angela Frischauf, Jutta Gröschel, Dagmar Güldenpfennig, Carmen Hager, Karl Heinzel, Heidi Huber, Peter Kraus, Veronika Loidolt, Niki Nowak, Maria Pfaunz, Andreas Prinz, Jenny Reisinger, Petra Riss, Gaby Sipöcz, Martha Siegl, Matthias Thal, Wolfgang Zangerl.

Bildnachweis: Barbara Wollborn: 78, 80, 82; Berlin Tourismus: 14, 15; Birgit Albrecht: Umschlag groß, 6, 8, 26, 28, 30, 34, 36, 40, 42, 44, 52, 54, 62, 65, 66L; Dagmar Güldenpfennig, 16, 24; Hansestadt Anklam: 69, 70, 72R; Nadine Dittmann: 76, 78, 84, 86; Regionaler Fremdenverkehrsverband Vorpommern e.V.: 66R, 68, 72L, 90; Regionaler Fremdenverkehrsverband Vorpommern e.V., W. Graupner: 64; TMB/Boettcher: 32; Tourismus Marketing Uckermark GmbH: 38, 46, 48L;; Tourismus Marketing Uckermark GmbH, Christian Zumpe: 42; Tobias Sauer: Umschlag klein, 82; Veronika Loidolt: 76; Wolfgang Zangerl: 40, 46, 48R, 51, 58, 60, 62

bikeline

Was ist bikeline?

Wir sind ein junges Team von aktiven Radfahrerinnen und Radfahrern, die 1987 begonnen haben, Radkarten und Radbücher zu produzieren. Heute tun wir dies als Verlag mit großem Erfolg. Mittlerweile gibt's bikeline© und cycline© Bücher in fünf Sprachen und in vielen Ländern Europas.

Um unsere Bücher immer auf dem letzten Stand zu halten, brauchen wir auch Ihre Hilfe. Schreiben Sie uns, wenn Sie Fehler oder Änderungen entdeckt haben. Oder teilen Sie uns einfach die Erfahrungen und Eindrücke von Ihrer Radtour mit.

Wir freuen uns auf Ihren Brief,

Ihre bikeline-Redaktion

Vorwort

Der Radfernweg Berlin-Usedom verbindet zwei Orte miteinander, die schon seit dem 19. Jahrhundert eine enge Beziehung zueinander haben, galt doch die Ostseeinsel als die „Badewanne der Berliner". Auf den rund 350 Kilometern erleben Sie das wunderschöne Barnimer Land, die tiefen Wälder der Schorfheide und unzählige naturbelassene Seen. Auf einsamen Landstraßen durchqueren Sie die malerische Uckermark und entdecken ursprüngliche Dörfer und interessante Städte. Entlang der Küste des Stettiner Haffs fahren Sie auf die grüne Insel Usedom und können die Vielseitigkeit der Landschaft, die sandigen Strände, und die blaue Ostsee genießen.

Präzise Karten, genaue Streckenbeschreibungen, zahlreiche Stadt- und Ortspläne, Hinweise auf das kulturelle und touristische Angebot der Region und ein umfangreiches Übernachtungsverzeichnis – in diesem Buch finden Sie alles, was Sie zu einer Radtour von Berlin nach Usedom brauchen – außer gutem Wetter, das können wir Ihnen nur wünschen.

Kartenlegende (map legend)

* Auswahl (selection)

Die Farbe bezeichnet die Art des Weges:
(The following colour coding is used:)

- Hauptroute (main cycle route)
- Radweg / autofreie Hauptroute (cycle path / main cycle route without motor traffic)
- Ausflug oder Variante (excursion or alternative route)
- Radweg in Planung (planned cycle path)

Strichlierte Linien zeigen den Belag an:
(The surface is indicated by broken lines:)

- asphaltierte Strecke (paved road)
- nicht asphaltierte Strecke (unpaved road)
- schlecht befahrbare Strecke (bad surface)

Punktierte Linien weisen auf KFZ-Verkehr hin:
(Routes with vehicular traffic are indicated by dotted lines:)

- Radroute auf mäßig befahrener Straße (cycle route with moderate motor traffic)
- Radroute auf stark befahrener Straße (cycle route with heavy motor traffic)
- Radfahrstreifen (cycle lane)
- stark befahrene Straße (road with heavy motor traffic)
- starke Steigung (steep gradient, uphill)
- leichte bis mittlere Steigung (light gradient)
- 3 Entfernung in Kilometern (distance in km)
- Routenverlauf (cycle route direction)

Maßstab 1 : 75. 000

1 cm ≙ 750 m   1 km ≙ 13,3 mm

0 1 2 3 4 5 6 7 8 9 10 11 12 13 14 15

- Schönern sehenswertes Ortsbild (picturesque town)
- ( ) Einrichtung im Ort vorhanden (facilities available)
- Hotel, Pension; Jugendherberge (hotel, guesthouse; youth hostel)
- Campingplatz; Naturlagerplatz* (camping site; simple tent site)
- Tourist-Information (tourist information)
- Einkaufsmöglichkeit*; Kiosk* (shopping facilities; kiosk)
- Gasthaus; Rastplatz*; Unterstand* (restaurant; resting place, covered stand)
- Freibad; Hallenbad (outdoor swimming pool; indoor swimming pool)
- sehenswerte Gebäude (buildings of interest)
- Museum; Ausgrabungen (museum; excavation)
- Mühle andere Sehenswürdigkeit (other place of interest)
- Tierpark; Naturpark (zoo; nature reserve)
- Aussichtspunkt (panoramic view)
- Fähre (ferry)
- Werkstatt*; Fahrradvermietung* (bike workshop; bike rental)
- überdachter ~*; abschließbarer Abstellplatz* (covered ~; lockable bike stands)

- Gefahrenstelle; Text beachten (dangerous section; read text carefully)
- Treppe*; Engstelle* (stairs; narrow pass, bottleneck)
- X X X Rad fahren verboten (road closed to cyclists)

In Ortsplänen: (in city maps:)

- P Parkplatz*; Parkhaus* (parking lot; garage)
- Post*; Apotheke*; Krankenhaus* (post office; pharmacy; hospital)
- F Feuerwehr*; Polizei*; Theater* (fire-brigade; police; theatre)

- Kirche; Kapelle; Kloster (church; chapel; monastery)
- Schloss; Burg; Ruine (castle; ruins)
- Turm; Funkanlage (tower; TV/radio tower)
- Kraftwerk; Umspannwerk (power station; transformer)
- Windmühle; Windkraftanlage (windmill; windturbine)
- Wegkreuz; Gipfel (wayside cross; peak)
- Bergwerk; Leuchtturm (mine; lighthouse)
- Sportplatz; Denkmal (sports field; monument)
- Flughafen (airport, airfield)
- Schiffsanleger (boat landing)
- Quelle; Kläranlage (natural spring; purification plant)

Staatsgrenze (international border)
Grenzübergang (border checkpoint)
Landesgrenze (country border)
Wald (forest)
Felsen (rock, cliff)
Vernässung (marshy ground)
Weingarten (vineyard)
Friedhof (cemetary)
Watt (shallows)
Dünen (dunes)
Wiesen*, Weiden* (meadows)
Damm, Deich (embankment, dyke)
Staumauer, Buhne (dam, groyne, breakwater)
Schnellverkehrsstraße (motorway)
Hauptstraße (main road)
Nebenstraße (minor road)
Fahrweg (carriageway)
Fußweg (footpath)
Straße in Bau (road under construction)
Eisenbahn m. Bahnhof (railway with station)
Schmalspurbahn (narrow gage railway)
Tunnel; Brücke (tunnel; bridge)

Inhalt

Radfernweg Berlin–Usedom

Der Radfernweg Berlin–Usedom wird im Frühjahr 2006 offiziell eröffnet. Er ist gut beschildert, führt durch malerische Landschaft, an unzähligen Seen vorbei und verbindet die pulsierende Hauptstadt mit den weißen Sandstränden der grünen Insel Usedom.

Streckencharakteristik

Länge

Die Gesamtlänge des Radfernweges Berlin-Usedom beträgt knapp **350 Kilometer**. Varianten und Ausflüge sind dabei ausgenommen.

Wegequalität & Verkehr

Der Radfernweg Berlin–Usedom ist in den letzten Jahren sehr gut ausgebaut worden, teilweise sind noch Umbauarbeiten in Gang oder geplant. In Berlin verläuft die Route großteils auf verkehrsarmen Straßen oder auf straßenbegleitenden Radwegen; Teile der Strecke sind noch im Bau oder in Planung wie zum Beispiel Teilstrecken entlang der Panke. Vor allem im brandenburgischen Landkreis Barnim ist die Strecke in sehr gutem Zustand, nur eine Teilstrecke am Werbellinsee ist noch nicht fertig gestellt; bis 2007 soll hier ein straßenbegleitender Radweg entstehen. In der Uckermark ist der Weg großteils ausgebaut, teilweise noch in Planung. Im Landkreis Uecker-Randow wird derzeit an dem Abschnitt zwischen Schmarsow und Rollwitz noch gearbeitet, hier fahren Sie derzeit auf unbefestigter Oberfläche; auf einer kurzen Strecke zwischen Friedberg und Viereck wird die Route über eine stark befahrene Straße geführt, aber auch hier soll eine bessere Lösung gefunden werden. In Ostvorpommern verläuft die Route auf kurzen Abschnitten auf Betonplattenwegen, ansonsten auf gut ausgebauten Radwegen oder Nebenstraßen. Alles in allem ist die Tour von Berlin nach Usedom in sehr gutem Zustand und gut

befahrbar; in den kommenden Jahren wird auch weiterhin daran gearbeitet, die Strecke zu vervollständigen und zu verbessern.

Beschilderung

Die Route ist zwar noch nicht durchgehend beschildert, aber schon zu weiten Teilen. Während im Barnim, der Uckermark und im Landkreis Uecker-Randow die Strecke sehr gut beschildert ist, fehlt es in Berlin und ab Ueckermünde noch an Wegweisern. In Berlin soll der Weg im Lauf des Jahres 2006 beschildert werden. Ein einheitliches Logo soll 2006 bis zur Eröffnung vorliegen, derzeit ist die Strecke, wie am Bild oben zu sehen ist, namentlich gekennzeichnet, das Logo soll dann eingefügt werden. Die Qualität und Vollständigkeit liegt nicht in unserem Bereich, Anregungen und Beschwerden können wir nur an die zuständigen Tourismusverbände und Kommunen weiterleiten.

Tourenplanung

Zentrale Infostellen

Berlin Tourismus Marketing GmbH, ✆ 030/250025, Internet: www.berlin-tourist-information.de

TMB Tourismus-Marketing Brandenburg GmbH, Am Neuen Markt 1, 14467 Potsdam, ✆ 0331/298730, Fax. 2987373, Internet: www.reiseland-brandenburg.de

Tourismusverband Mecklenburg-Vorpommern e.V., Platz der Freundschaft 1, 18059 Rostock, ✆ 0381/4030500, Fax. 0381/4030555, Internet: www.auf-nach-mv.de

ADFC Berlin e.V., Brunnenstr. 28, 10119 Berlin, ✆ 030/4484742, Fax. 44340520, Internet: www.adfc-berlin.de

Anreise & Abreise mit dem Auto

Berlin ist mit dem Auto sehr gut erreichbar. Aus allen Richtungen führen Autobahnen in die Hauptstadt. Von **Peenemünde** kommen Sie ebenfalls auf einfachem Weg wieder an Ihren Startpunkt. Sie können entweder über Wolgast die Insel verlassen und bei Jarmen auf die A20 wechseln oder über Anklam die Insel verlassen und bei Pasewalk auf die A20 fahren.

Anreise & Abreise mit dem Flugzeug

Berlin wird von zahlreichen Fluglinien angeflogen, u. a. auch von Billigfliegern. Mit dem Rückflug von Usedom ist es viel komplizierter, denn es gibt zwar einen Flughafen im Süden der Insel in Heringsdorf, allerdings gibt es nur wenige Verbindungen meist zweimal die Woche. Verbindungen gibt es zu folgenden Städten: Berlin, Mannheim, Mönchengladbach, Saarbrücken, Stettin und Münster/Osnabrück. Informationen: Flughafen Heringsdorf, ✆ 038376/2500, www.flughafen-heringsdorf.de

Anreise & Abreise mit der Bahn

Bahnauskünfte Deutschland:
Deutsche Bahn AG, www.bahn.de, **Radfahrer Hotline,** ✆ 01805/151415 (€ 0,12/Min.), ÖZ: tägl. 8-20 Uhr, Auskünfte zu Reiseverbindungen mit Fahrradmitnahme, Fahrradversand und Fahrradvermietung, **Reise-Service**, ✆ 11861 (€ 0,03/Sek., ab Weiterleitung zum ReiseService € 0,39/angef. Min.), tägl. 0-24 Uhr, Auskünfte zu Zugverbindungen, Fahrpreise, Fahrkartenbuchungen und -reservierungen. **Automatische DB-Fahrplanauskunft** ✆ 0800/1507090 (kostenfrei), alles auch online unter www.bahn.de.

Die Anreise mit der Bahn nach Berlin gestaltet sich für Fahrradtouristen, die ihr Fahrrad direkt mitnehmen und nicht verschicken wollen, zunehmend schwieriger und ist mit häufigem Umsteigen verbunden, mit Blick auf das gesamte Gepäck (Fahrrad und Fahrradtaschen) kein angenehmer Gedanke. Aus allen großen Städten wie München, Hamburg, Frankfurt, Köln, Düsseldorf, Leipzig und Dresden müssen Sie bis auf wenige Ausnahmen mit einmal, je nach Verbindung aber mit mehrmaligem Umsteigen rechnen. Bequemer geht es da in einigen Fällen mit den Nachtzügen. Hier gibt es außer von Frankfurt aus immer eine durchgehende Zugverbindung. **Die Abreise mit der Bahn von Peenemünde** gestaltet sich ähnlich kompliziert; mehrmaliges Umsteigen lässt sich leider nicht vermeiden. Zuerst nehmen Sie die Usedomer Bäderbahn (UBB; Informationen, Fahrpläne und Tarife ✆ 038378/27132, www.ubb-online.com) bis Zinnowitz. Dort wechseln Sie den Zug und fahren wiederum mit der UBB auf das Festland, wo Sie entweder in Züssow oder in Stralsund erneut umsteigen müssen, um mit der Regionalbahn nach Berlin oder Rostock zu gelangen. Von dort aus haben Sie gute Verbindungen in alle Städte Deutschlands, müssen allerdings wiederum mit öfterem Umsteigen rechnen, sofern Sie das Fahrrad direkt mitnehmen wollen.

Fahrradtransport

Die direkte **Fahrradmitnahme** ist in allen Zügen der Deutschen Bahn möglich, die im Fahrplan mit dem Radsymbol 🚲 gekennzeichnet sind, und in denen genügend Stellfläche vorhanden ist. Sie benötigen hierfür eine Fahrradkarte und für Fahrten in **Fernzügen** (IC, EC, NZ, EN, D, CNL) eine Stellplatzreservierung. Die Reservierung ist bei gleichzeitigem Kauf der Fahrradkarte kostenlos, ansonsten € 3,–. Bitte beachten Sie, dass besondere Fahrradtypen wie Tandems aus Kapazitätsgründen in den meisten Fernzügen, die die Bahn für die Fahrradmitnahme anbietet, nicht zugelassen

sind. Zusammengeklappte und demontierte Fahrräder oder Anhänger können kostenlos als Handgepäck mitgenommen werden. Ansonsten benötigen Sie eine weitere Fahrradkarte für den Anhänger. Reisen Sie in einer größeren Gruppe oder während der Stoßzeiten, dann sollten Sie sich im Voraus nach den vorhandenen Plätzen erkundigen. Nähere Auskünfte und Reservierungen erhalten Sie über die Radfahrer Hotline.

Die **Fahrradkarte** ist deutschlandweit gültig und kostet in den Fernzügen € 8,–, Bahncardbesitzer zahlen € 6,–. In den Zügen des Nahverkehrs kostet die Mitnahme € 3,–, allerdings können hier in einzelnen Tarifverbünden abweichende Tarifbestimmungen gelten. **Fahrradversand:** Wenn Sie **in Deutschland** Ihr Fahrrad im Voraus als Reisegepäck verschicken wollen, wird dieses über den **Hermesversand**, ✆ 0900/ 1311211 (€ 0,60/Min.), abgewickelt. Der Versand wird entweder im Zusammenhang mit einer Bahnfahrt durchgeführt oder als eigener Transport – die Abwicklung erfolgt gleich, die Kosten unterscheiden sich jedoch. Der

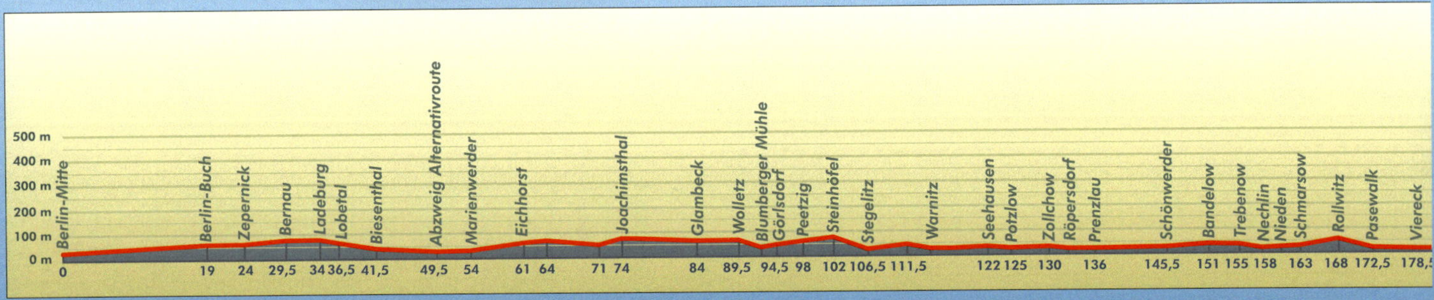

Transport in Verbindung mit dem Kauf einer Bahnfahrkarte (KurierGepäckTicket) kostet im Inland jeweils € 24,10 (für die ersten beiden Fahrräder), € 18,10 (für das dritte und vierte Fahrrad). Wenn Sie das Fahrrad mit dem Hermes-Versand als Privatkunde, also unabhängig von einem Bahnticket verschicken möchten, dann kostet der Versand € 39,90. Für das Versenden von Fahrrädern besteht Verpackungspflicht. Verpackungen werden auf Bestellung zum Preis von € 5,90 mitgeliefert. Die Zustellung dauert zwei Werktage. Der Fahrradversand erfolgt nur von Haus zu Haus, d. h. Sie benötigen sowohl für die Abholung als auch für die Zustellung eine Privatadresse. Falls Sie keine Privatadresse für die Zustellung am Zielort angeben können, dann versuchen Sie es über eine private Fahrradstation vor Ort. Die genauen Zustellzeiten und aktuellsten Preise erfahren Sie auch im Internet unter www.hermes-logistik-gruppe.de unter der Rubrik Paketservice.

Ab dem Frühjahr 2006 gibt es eine weitere Variante des Fahrradversandes. Sie können hier das Fahrrad und auch das Reisegepäck an Ihren Startort hin- und von ihrem Zielort zurücktransportieren lassen. Dieser Service ist nicht ganz billig, noch in der Ausbauphase und funktioniert laut Angaben innerhalb von Deutschland, zwischen Deutschland und Frankreich, Großbritannien, Irland, Italien, Österreich, Portugal, Spanien, Ungarn. Genauere Informationen dazu bzw. Infos zu Preisen erhalten Sie bei: **Bike Packers** in München, ✆ 089/273735-0, www.bikepackers.com.

Übernachtung

Für die Tour von Berlin nach Usedom empfiehlt es sich, immer etwas im Voraus zu planen, denn nur in den größeren Orten und Städten gibt es genügend Übernachtungsmöglichkeiten. Die Route führt auch in einsam gelegene Gebiete, in denen Sie gar keine oder nur sehr

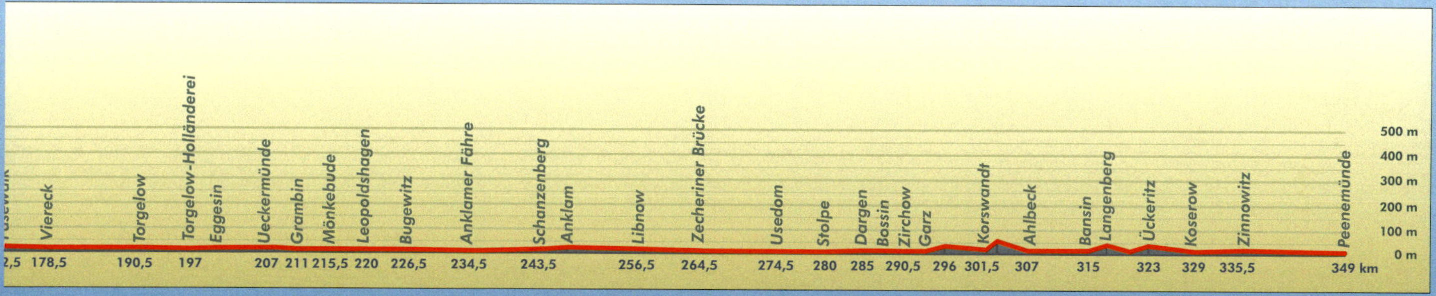

wenige Übernachtungsmöglichkeiten finden werden. Vor allem in der Uckermark zwischen Angermünde und Prenzlau gibt es nur wenige Beherbergungsbetriebe. Das selbe gilt für die Abschnitte zwischen Prenzlau und Pasewalk und zwischen Pasewalk und Ueckermünde. Am Stettiner Haff und auf Usedom hingegen ist die Lage anders: Hier gibt es zahlreiche Übernachtungsmöglichkeiten, es ist aber vor allem im Sommer und in Ferienzeiten dringend notwendig, sich schon vor Beginn der Reise ein Zimmer zu reservieren, da es gut sein kann, dass zu Saisonzeiten sämtliche Unterkunftsmöglichkeiten ausgebucht sind.

Mit Kindern unterwegs

Die Route von Berlin nach Usedom verläuft zwar hauptsächlich auf Radwegen oder ruhigen Nebenstraßen, aber Sie müssen derzeit doch hin und wieder für mehrere Kilometer auf verkehrsreichere Straßen ausweichen. Für Kinder unter 10-12 Jahren ist die Fahrt entlang der gesamten Strecke deshalb nicht anzuraten, Teilbereiche sind aber sehr wohl auch mit kleineren Kindern zu befahren.

Das Rad für die Tour

Sie können den Radfernweg Berlin-Usedom prinzipiell mit jedem funktionstüchtigen Fahrrad befahren. Es gibt viele asphaltierte Landstraßen und Wirtschaftswege. Den besten Reisekomfort bieten natürlich Tourenräder und Trekking- oder Mountainbikes.

Versuchen Sie schon vor der Abreise, eine bequeme Sitzposition auf Ihrem Rad zu finden. Der Rahmen sollte halbwegs Ihrer Körpergröße entsprechen. Vielleicht bekommen Sie wegen einer zu niedrigen Lenkstange nach einiger Zeit Druckstellen an den Händen oder einen steifen Rücken. Abhilfe schaffen hier ein höherer Lenker(vorbau) oder auch Fahrradhandschuhe. Besonderes Augenmerk sollten Sie dem Sattel schenken. Wenn Ihr Gesäß nach längerer Fahrt zu schmerzen beginnt, dann haben Sie einen zu weichen oder einfach den falschen Sattel. Des Radfahrers wahrer Luxus sind ergonomisch geformte Ledersättel.

Auch einen Kartenhalter oder eine Lenkertasche werden Sie auf Ihrer Tour sehr gut brauchen können. Zweifach-Hinterradtaschen mit unkomplizierter Befestigung erweisen sich bei längerer Fahrt als zweckmäßig.

Da selbst das beste Rad nicht von Pannen verschont wird, empfiehlt es sich, eine Grundausrüstung an Werkzeug und Zubehör mit auf die Reise zu nehmen.

Bekleidung

Für den Spaß beim Radfahren ist die Beschaffenheit der Bekleidung ganz entscheidend.

Hierbei gilt in erster Linie das „Zwiebelprinzip“: Mehrere Schichten erfüllen verschiedene Funktionen und lassen sich separat tragen und vielfältig kombinieren.

Die Unterwäsche soll entstehende Feuchtigkeit möglichst schnell vom Körper weg führen (Kapillarwirkung). Ihr Sitzkomfort auf längeren Strecken wird durch eine gepolsterte Radlerhose entscheidend verbessert!

Je nach Außentemperatur folgt eine isolierende zweite Schicht, in der Regel ein leichter und klein verpackbarer Fleece-Pullover, der Wärme, aber keine Feuchtigkeit speichert.

Die äußere Hülle soll Wind und Regen abhalten, gleichzeitig aber den Schweiß in Form von

Dampf hindurchlassen. Das Ergebnis ist immer ein Kompromiss zwischen den Funktionen „wasserdicht“ und „dampfdurchlässig“.
Hochwertige Wollstoffe für wärmende Pullis und sogar hauchdünne Unterwäsche trocknen zwar langsam, isolieren allerdings auch im feuchten Zustand noch recht gut. Im Gegensatz zu Funktionsunterwäsche aus Kunstfasern nehmen Sie kaum Körpergeruch an – abends reicht meist simples Auslüften. Beides gilt jedoch nicht für Baumwolle, die als Sportbekleidung generell ungeeignet ist.
Vor allem bei Unterwäsche immer auf eine enge Passform achten, da sonst die „Funktion“ versagt. Gleiches gilt für Jacken und Hosen, bei denen zusätzlich elastische Bereiche, Ärmelschlaufen und variable Verschlüsse lästiges Flattern verhindern.

Radreiseveranstalter

Rotalis Radreisen, D-85593 Baldham bei München, ✆ 08106/359191, www.rotalis.de
Mecklenburger Radtour, Zunftstr. 4, 18437 Stralsund, ✆ 03831/280220, www.mecklenburger-radtour.de

Zu diesem Buch

Dieser Radreiseführer enthält alle Informationen, die Sie für den Radurlaub von Berlin nach Usedom benötigen: Exakte Karten, eine detaillierte Streckenbeschreibung, ein ausführliches Übernachtungsverzeichnis, Stadt- und Ortspläne und die wichtigsten Informationen zu touristischen Attraktionen und Sehenswürdigkeiten.
Und das alles mit der ***bikeline*-Garantie**: jeder Meter in unseren Büchern ist von einem unserer Redakteure vor Ort auf seine Fahrradtauglichkeit geprüft worden!

Die Karten

Eine Übersicht über die geographische Lage des in diesem Buch behandelten Gebietes gibt Ihnen die Übersichtskarte auf der vorderen inneren Umschlagsseite. Hier sind auch die Blattschnitte der einzelnen Detailkarten eingetragen.
Diese Detailkarten sind im Maßstab 1 : 75.000 erstellt. Dies bedeutet, dass 1 cm auf der Karte einer Strecke von 750 Metern in der Natur entspricht. Zusätzlich zum genauen Routenverlauf informieren die Karten auch über die Beschaffenheit des Bodenbelages (befestigt oder unbefestigt), Steigungen (leicht oder stark), Entfernungen sowie über kulturelle und gastronomische Einrichtungen entlang der Strecke.
Allerdings können selbst die genauesten Karten den Blick auf die Wegbeschreibung nicht ersetzen. Komplizierte Stellen werden in der Karte mit diesem Symbol gekennzeichnet, im Text finden Sie das gleiche Zeichen zur Kennzeichnung der betreffenden Stelle wieder. Beachten Sie, dass die empfohlene Hauptroute immer in Rot und Violett, Varianten und Ausflüge hingegen in Orange dargestellt sind. Die genaue Bedeutung der einzelnen Symbole wird in der Legende auf Seite 4 erläutert.

Höhen- und Streckenprofil

Das Höhen- und Streckenprofil gibt Ihnen einen grafischen Überblick über die Steigungsverhältnisse, die Länge und die wichtigsten Orte entlang der Radroute. Es können in diesem Überblick nur die markantesten Höhenunterschiede dargestellt werden, jede einzelne kleinere Steigung wird in dieser grafischen Darstellung jedoch nicht berücksichtigt. Die Steigungs- und Gefälleverhältnisse entlang der Route finden Sie im Detail mit Hilfe der Steigungspfeile in den genauen Karten.

Der Text

Der Textteil besteht im Wesentlichen aus der genauen Streckenbeschreibung, welche die empfohlene Hauptroute enthält. Stichwortartige Streckeninformationen werden, zum leichteren Auffinden, von dem Zeichen ~ begleitet.

Unterbrochen wird dieser Text gegebenenfalls durch orange hinterlegte Absätze, die Varianten und Ausflüge behandeln.

Ferner sind alle wichtigen **Orte** zur besseren Orientierung aus dem Text hervorgehoben. Gibt es interessante Sehenswürdigkeiten in einem Ort, so finden Sie unter dem Ortsbalken die jeweiligen Adressen, Telefonnummern und Öffnungszeiten.

Die Beschreibung der einzelnen Orte, sowie historisch, kulturell oder naturkundlich interessanter Gegebenheiten entlang der Route tragen zu einem abgerundeten Reiseerlebnis bei. Diese Textblöcke sind kursiv gesetzt und unterscheiden sich dadurch auch optisch von der Streckenbeschreibung.

Textabschnitte in Violett heben Stellen hervor, an denen Sie Entscheidungen über Ihre weitere Fahrstrecke treffen müssen z. B. wenn die Streckenführung von der Wegweisung abweicht, oder mehrere Varianten zur Auswahl stehen u. ä.

Sie weisen auch auf Ausflugstipps, interessante Sehenswürdigkeiten oder Freizeitaktivitäten etwas abseits der Route hin.

Das Symbol ⚠ bezeichnet schwierige Stellen, an denen zum Beispiel ein Schild fehlt, oder eine Routenführung unklar ist. Sie finden das Zeichen an derselben Stelle in der Karte wieder, so dass Sie wissen, auf welches Wegstück sich das Symbol bezieht.

Übernachtungsverzeichnis

Auf den letzten Seiten dieses Radtourenbuches finden Sie zu fast allen Orten an der Strecke eine Auswahl von günstig gelegenen Hotels und Pensionen. Dieses Verzeichnis enthält auch Campingplätze und Jugendherbergen. Ab Seite 92 erfahren Sie Genaueres.

Von Berlin nach Prenzlau

136 km

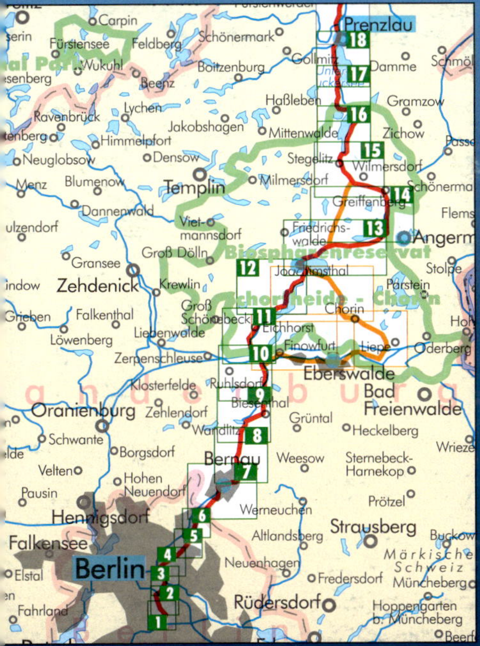

Der Startpunkt des Radfernweges liegt im Zentrum der Metropole Berlin am Schlossplatz. An zahlreichen Sehenswürdigkeiten vorbei kommen Sie durch die Stadt bis Sie am Ufer der Panke entlang nach Brandenburg gelangen. In Bernau können Sie die mittelalterliche Stadtmauer erkunden, bevor es dann durch die tiefen Wälder der Schorfheide und an schönen Seen vorbei durch das Barnimer Land und die Uckermark bis nach Prenzlau, die reizvolle Stadt am Unteruckersee, geht.

Im Stadtgebiet von Berlin bis in den Bezirk Pankow verläuft die Route großteils auf straßenbegleitenden Radwegen oder verkehrsarmen Straßen, nur kurze Strecken auf stark befahrenen Straßen, danach vor allem auf ruhigen Nebenstraßen oder separaten Radwegen. Ab Zepernick gibt es größtenteils sehr gut ausgebaute Radwege mit übersichtlicher Beschilderung. Nur wenige kurze Strecken sind auf verkehrsreichen Straßen zu fahren.

Berlin

Berlins Frühgeschichte begann urkundlich 1244 an einer Spreefurt durch einen Brückenschlag zwischen den Siedlungen Berlin und Cölln. Der Fernhandel nahm von da an diesen Weg von Magdeburg nach Posen und sicherte Wachstum und Zukunft der zukünftigen Metropole.

Jäh unterbrochen wurde der Aufschwung Berlins durch den Dreißigjährigen Krieg (1618-48), der nur noch ein Trümmerfeld übrig ließ. Kurfürst Friedrich Wilhelm (1640-88) erfand aus Geldmangel die Verbrauchssteuer und finanzierte so den Ausbau zu einer Garnisonsstadt. 1644 erließ der Kurfürst das Toleranzedikt, das die Religionsfreiheit zusicherte. Die in Frankreich als Ketzer verfolgten Hugenotten fanden nun in Berlin ihre Zuflucht. Von da an nahmen sie großen Einfluss auf die weitere kulturelle und wirtschaftliche Entwicklung der Stadt.

Friedrich I. (1688-1713), der Sohn des Großen Kurfürsten, verwandelte Berlin-Cölln

Berlin - Schloss Charlottenburg

zur königlichen Residenzstadt und fasste sie 1710 mit den drei Stadtteilen Friedrichswerder, Dorotheenstadt und Friedrichstadt zu seiner Hauptstadt zusammen.

Hart und unerbittlich regierte nach ihm der König Friedrich Wilhelm I. („Soldatenkönig" bis 1740 und vermachte seinem Sohn Friedrich II. schließlich die viertgrößte Armee Europas und ein stattliches Erbe. Während dieser Regentschaft wuchs die Einwohnerzahl Preußens auf über 2 Millionen Menschen heran.

Friedrich der Große regierte von 1740 bis 1786 als aufgeklärter absolutistischer Souverän. Schloss Charlottenburg und Sanssouci zeigen am deutlichsten, welches Stilempfinden der Monarch hatte. Berlin zählte zu dieser Zeit etwa 100.000 Einwohner und wurde Zentrum der europäischen Aufklärung. Friedrich der Große sorgte durch die Belebung der Landwirtschaft, des Handels und des Handwerks auch für einen größeren Wohlstand des Volkes. Als Feldherr führte er zahlreiche Kriege, die bis zum Ende seiner Regentschaft eine Verdoppelung der Staatsfläche Preußens einbrachten. Mit ungefähr 5 Millionen Einwohnern war Preußen nun Ende des 18. Jahrhunderts anerkannte Großmacht. Eine gewaltige Entwicklung, weshalb auch die Thronnachfolger nie aus dem Schatten Friedrich des Großen heraustraten.

Nach diesem Aufschwung verfiel der Staat Preußen in Lethargie und es war für Napoleon ein leichtes Spiel, 1806 durch das Brandenburger Tor zu marschieren. Doch die kurze Herrschaft der Franzosen entfachte erneut den Wehrwillen des Volkes. Zahlreiche Siegesdenkmale zeugen heute noch von den Befreiungskriegen. Der vielseitige Künstler des Berliner Klassizismus Karl Friedrich Schinkel verewigte die Heldenfiguren der Freiheitskämpfe in der Neuen Wache und auf der Schlossbrücke.

Berlin verwandelte sich zur bürgerlichen Stadt, jedoch ohne die adelige Führungsschicht zu entthronen. Die einsetzende Industrialisierung war aber der entscheidend entwicklungsbestimmende Faktor Anfang des 19. Jahrhunderts. Erste Maschinenbaufabriken etablierten sich und 1883 wurde die Eisenbahnstrecke von Berlin nach Potsdam eröffnet. Daraus resultierte eine epochale gesellschaftliche Umwälzung und die politischen Forderungen der neu entstandenen Arbeiterklasse gipfelten in der Märzrevolution 1848.

Der Romantiker-König Friedrich Wilhelm IV. stand den blutigen Ausschreitungen recht hilflos gegenüber. Er versuchte, durch die

Berlin - Brandenburger Tor

Liberalisierung der Verfassung und ein frei gewähltes Abgeordnetenhaus, die Bevölkerung zufrieden zu stellen, konnte aber wegen dieser Zugeständnisse den Zusammenhalt von 28 Fürstentümern in einer deutschen Union nicht erreichen. Erst die Proklamation Wilhelm I. zum deutschen Kaiser 1871 brachte die staatliche Einheit, denn nicht die Parteien regierten durch das Parlament, sondern wieder das monarchische System der Kanzlerdiktatur als Regierung über ihnen.

Der Industriestandort Berlin zog immer mehr Menschen an. Seit der Reichsgründung veranderthalbfachte sich die Einwohnerzahl auf über 2 Millionen Menschen. Dieses Überangebot an Arbeitskräften führte zu unvorstellbaren sozialen Nöten, die als logische Konsequenz die sozialdemokratische Bewegung hervorbrachte, welche 1912 die stärkste Partei im Deutschen Reichstag stellte.

Der Erste Weltkrieg (1914-18) wütete mit all seinen schrecklichen Auswirkungen und ließ auch Berlin nicht verschont. Mit seinem Ende dankte auch der politisch nur wenig begabte Wilhelm II. (regierte 1888-1918) ab. Die neue sozialdemokratische Regierung unter Friedrich Ebert – nach der Nationalversammlung in Weimar die Weimarer Republik genannt – führte einen sehr gemäßigten Kurs ohne einschneidende Reformen, der das Parteienspektrum letztlich nach links und rechts zersplittern ließ.

1933 begann das düsterste Kapitel der Stadt. Hitlers Machtergreifung beendete den Rechtsstaat und die Demokratie. Mit einem Fackelzug durch das Brandenburger Tor marschierend übernahmen die Nazikolon-

nen gewaltsam erst Berlin und in Folge ganz Europa.

Nach dem Ende des Zweiten Weltkrieges (1939-45) war Berlin zu 30 bis 50 Prozent zerstört. Die Trümmerstadt wurde von den vier Besatzungsmächten in vier Sektoren aufgeteilt und die Verhärtung durch den Kalten Krieg führten zur Blockbildung diesseits und jenseits des eisernen Vorhangs in der Stadt. Noch war Berlin eine Einheit aus zwei Städten, aber mit dem Bau der Berliner Mauer 1961 endete das gemeinsame Stadtleben.

Knapp dreißig Jahre später zerbrach die ideologisierte Staatskultur des Ostens. Mit dem Fall der Mauer 1989 endete die erzwungene Trennung der Stadt, Freunde und Verwandte konnten sich wieder in die Arme schließen und Willy Brandt ließ verlauten, dass jetzt das zusammenwachse, was zusammengehöre.

Berlin

Hier wird nur eine kleine Auswahl der wichtigsten Sehenswürdigkeiten aufgelistet, sowie jene, die Sie auf den folgenden Karten finden. Die Attraktionen, die auf der Strecke liegen, werden im Routentext erwähnt.

DB-Räder am Lustgarten

Vorwahl: 030

- **Berlin Tourismus Marketing GmbH**, ✆ 250025, Internet: www.btm.de
  Tourist Info Center im Europa-Center (Eingang Budapester Str.), ÖZ: Mo-Sa 10-19 Uhr und So 10-18 Uhr;
  Tourist Info Center am Brandenburger Tor (Südflügel), ÖZ: tägl. 10.18 Uhr;
  Tourists Info Café unter dem Fernsehturm, am Alexanderpl., ÖZ: tägl. 10-18 Uhr
- **JugendKulturService**, Chausseestr. 8, Mitte (10115), ✆ 2832442
- **Allgemeiner Deutscher Fahrradclub**, LV Berlin, Brunnenstr. 28, ✆ 4484724, ÖZ: Mo-Fr 12-20 Uhr, Sa 10-16 Uhr. Informationen rund um's Rad, Reisebuchhandlung, Fahrradzubehör, Fahrrad-Selbsthilfewerkstatt, geführte Radtouren.
- **Märkisches Museum**, Am Köllnischen Park 5, ✆ 308660, ÖZ: Di-So 10-18 Uhr. Stadt- und Landesgeschichte von der Frühgeschichte bis zum 19. Jh.
- Die **St. Hedwigskathedrale** (1747-1773) ist die älteste katholische Kirche der Stadt.
- Die **Friedrichwerdersche Kirche** wurde nach Plänen von Schinkel gebaut und beherbergt heute ein Schinkel-Museum.
- **Sophienkirche**, der 70 m hohe Turm ist der einzige erhaltene Barockturm Berlins.
- Die **Nikolaikirche** gilt als ältestes Gebäude Berlins. Ihre Grundmauern sind aus dem 12. Jh.
- **Schloss Charlottenburg**, Luisenplatz, § 320911, ÖZ: Alter Flügel: Di-Fr 9-17 Uhr, Sa, So 10-17 Uhr, nur mit Führung, ÖZ neuer Flügel: Di-Fr 10-18 Uhr, Sa, So 11-18 Uhr.
- **Brandenburger Tor** (1788/1781), erbaut von Carl Gotthard Langhans nach dem Vorbild der Propyläen in Athen. Es ist das berühmteste Bauwerk Berlins und das Wahrzeichen der Stadt.
- **Siegessäule**, Großer Stern, Tiergarten, ✆ 3912961. Erinnert an die Kriege von 1864, 1866 und 1870/71.
- **Reichstag**, Platz der Republik, Tiergarten. Sitz des Bundestages. Kostenlose Kuppelbesichtigungen, ÖZ: täglich 8-24 Uhr, letzter Einlass 22 Uhr.
- Der **Gendarmenmarkt** mit dem **Französischen** und **Deut-**

schen **Dom** und dem **Konzerthaus** gilt mit seiner friderizianischen und klassizistischen Prägung als einer der schönsten Plätze Europas.

- **Neue Synagoge**, Oranienburger Str. 30. In der Pogromnacht wurde die Synagoge verwüstet und im Zweiten Weltkrieg zerstört. 1995 wurde das Haus nach Sanierungsarbeiten als Zentrum der Stiftung Zentrum Judaicum zum zweiten Mal eingeweiht.
- **Kunsthaus Tacheles**, Oranienburger Str. 54-56, ✆ 2826165. Ein Kulturzentrum in den Ruinen eines ehemaligen Kaufhauses.
- **Little John Bikes**, Rosenthaler Str. 23, ✆ 28096009
- **Fahrradcenter Friedrichshain**, Warschauer Str. 65, Friedrichshain, ✆ 2910741
- **Pedal-Power**, Pfarrstr. 115, Lichtenberg, ✆ 55153271
- **Fahrradstation**, Hackesche Höfe, Hof 7, Mitte, ✆ 28384848, Angebot an geführten Radtouren
- **Fahrradservice Kohnke**, Friedrichstr. 133, Mitte, ✆ 4476666 (auch)
- **Prenzlberger ORANGE bikes**, Kollwitzstr. 35, Prenzlauer Berg, ✆ 4428122
- **Pedalkraft**, Skalitzer Str. 69, Kreuzberg, ✆ 6187772

Tipp: Wenn Sie sich Berlin mit seinen Sehenswürdigkeiten genauer anschauen möchten, empfehlen wir Ihnen den ***bikeline***-Radatlas Berlin.

Berlin-Mitte

Von Berlin-Mitte nach Berlin-Buch — *19 km*

Die Radtour beginnt im Zentrum von Berlin am Schlossplatz, am östlichen Ende des bekannten Boulevards Unter den Linden.

Schlossplatz

- Der **Neue Marstall** (1902) war ein ehemaliges Wirtschaftsgebäude des Stadtschlosses.
- Der **Palast der Republik** stand auf einem Teil des Schlossgrundstückes. Der ehemalige Sitz der Volkskammer der DDR war zugleich als Haus des Volkes gebaut, das 15 Restau-

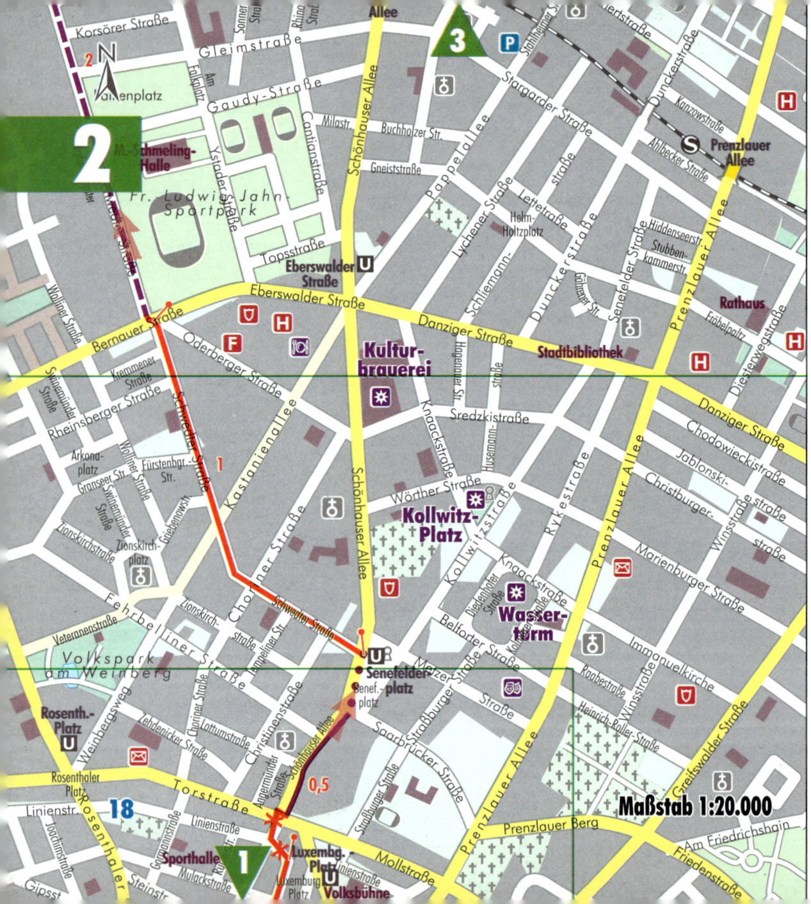

rants und einen reichen Veranstaltungskalender bot. Nach langwierigem Streit um Abriss oder Asbestsanierung wurde vom Deutschen Bundestag für 2005/2006 der Abriss beschlossen. Das Gelände soll zwischenzeitlich als Parkanlage gestaltet werden, bis hier zu einem noch nicht abzusehenden Zeitpunkt das Stadtschloss wieder errichtet werden soll.

Das **ehemalige Stadtschloss** wurde in zwei Etappen zwischen 1442 und 1845 erbaut, es war das zentrale Bauwerk Berlins. Nach dem Zweiten Weltkrieg war die Schlossruine stark zerstört, sie wurde 1950 gesprengt und abgetragen. Im Jahre 2003 hat der Deutsche Bundestag sich für den Wiederaufbau des Stadtschlosses entschieden.

Das **ehemalige Staatsratsgebäude der DDR** befindet sich auf der Südseite des Schlossplatzes. Es birgt in seiner Fassade letzte bauliche Reste des Schlosses, z. B. Lustgartenportal von 1713.

Sie kreuzen die **Karl-Liebknecht-Straße** ~ der Straße **Am Lustgarten** zwischen Dom und Altem Museum folgen.

Museumsinsel

Museumsinsel, Bodestr. 1, ✆ 20905555. Alte Nationalgalerie, Altes Museum, Pergamonmuseum, Bodemuseum, Neues Museum, ÖZ: Di-So 10-18 Uhr. Bereits 1841 wurde mit dem Aufbau der Museumsinsel begonnen, sie ist heute eines der bedeutendsten Ausstellungszentren Europas.

Berliner Dom, Am Lustgarten; ÖZ: Domkirche: Mo-Sa 9-17.30 Uhr, So 11.30-17.30 Uhr, Kaiserliches Treppenhaus: Mo-Fr 10-17 Uhr, Sa 10-18 Uhr und So 11.30-18 Uhr, Kuppel: Sa 10-17 Uhr, So 12-17 Uhr, Führungen Mo-Fr 15.30 Uhr. Sehenswert sind das Kaiserliche Treppenhaus, die Trau- und Taufkapelle sowie Prunksarkophage.

Der **Lustgarten** ist der Bereich vor dem Alten Museum und ist als älteste Gartenanlage Berlins im Zusammenhang mit dem Bau des ehemaligen Stadtschlosses im 15. Jh. entstanden. König Friedrich Wilhelm I., der Soldatenkönig, ließ 1713 den Garten beseitigen und an dieser Stelle einen Parade- und Exerzierplatz errichten.

Nach dem Bau des Alten Museums entstand an dieser Stelle wieder ein Garten, für den Schinkel die Entwürfe lieferte. Die Nationalsozialisten entfernten bis auf wenige Bäume alles Grün und nutzten den Platz für Massenveranstaltungen. Seit dem Jahr 2000 hat der Lustgarten wieder ein neues Antlitz. Die Umgestaltung wurde nach dem Vorbild Schinkels vorgenommen.

Bei der **Alten Nationalgalerie** nach rechts abbiegen und das Fahrrad über die Brücke schieben ~ geradeaus weiter in die **Anna-Louisa-Karsch-Straße** ~ an der nächsten Ampel links in die **Spandauer Straße.**

Tipp: Wenn Sie sich den Alexanderplatz mit dem Rathaus und dem Fernsehturm ansehen wollen, dann biegen Sie rechts in die Spandauer Straße ein. Nach wenigen Metern kommen Sie zum Alexanderplatz.

Alexanderplatz

- **St. Marien-Kirche** (13. Jh.), Karl-Liebknecht-Str. 8; ÖZ: Mo-Do 10-12 Uhr und 13-17 Uhr, Sa/So 12-17 Uhr, Führungen: Mo-Do 13 Uhr und So 11.45 Uhr. Die älteste Kirche in Berlin, in der noch Gottesdienste zelebriert werden. Der Turm ist über 100 Meter hoch. Im Tumsockel befindet sich der Berliner Totentanz, die Darstellung des Todes in mittelalterlichen Fresken.
- **Fernsehturm** (1965-69 erbaut), Panoramastr. 1a, Mitte, ✆ 2423333; ÖZ: tägl. 10-24 Uhr, jeden 2. und 4. Di im Monat ab 13 Uhr. Von dem 368 m hohen Turm hat man eine Weitsicht bis zu 40 km.
- **Berliner Rathaus**, Judenstr./Rathausstr., ✆ 24010. Das „Rote Rathaus" wurde 1861-69 aus roten Klinkerziegeln errichtet, sehenswertes Terrakottafries von 1879, in Höhe der 1. Etage, rund um das Haus. Sitz des regierenden Bürgermeister der Stadt Berlin.
- Der **Neptunbrunnen** befand sich einst auf dem Schlossplatz.

Tipp: Sie können nach der Überquerung der Spandauer

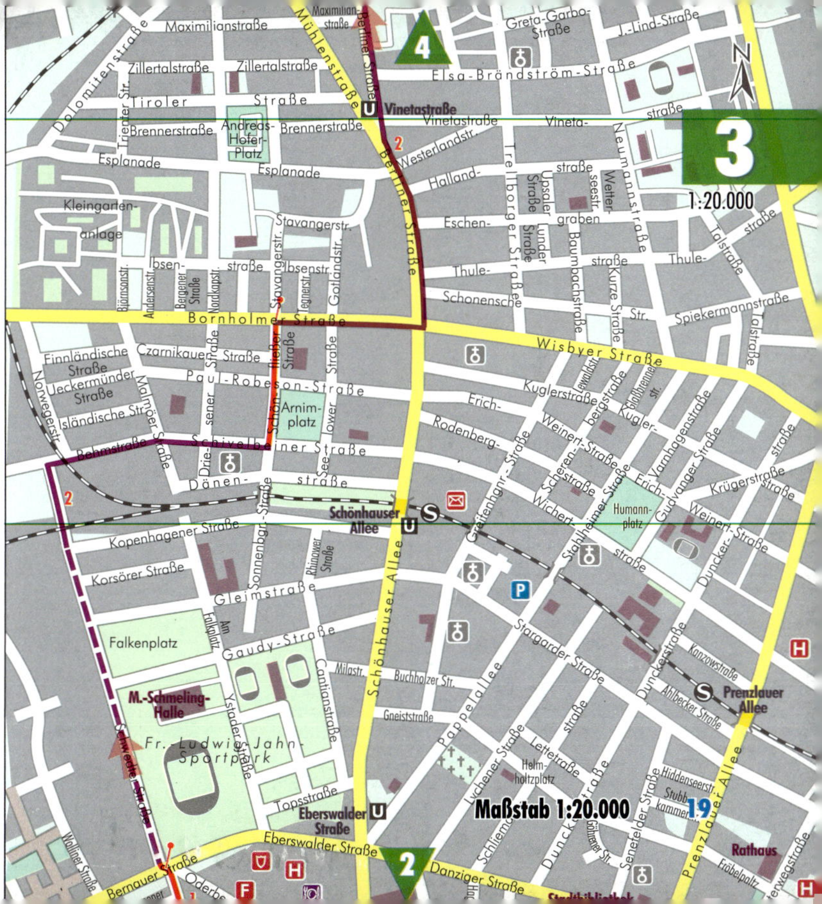

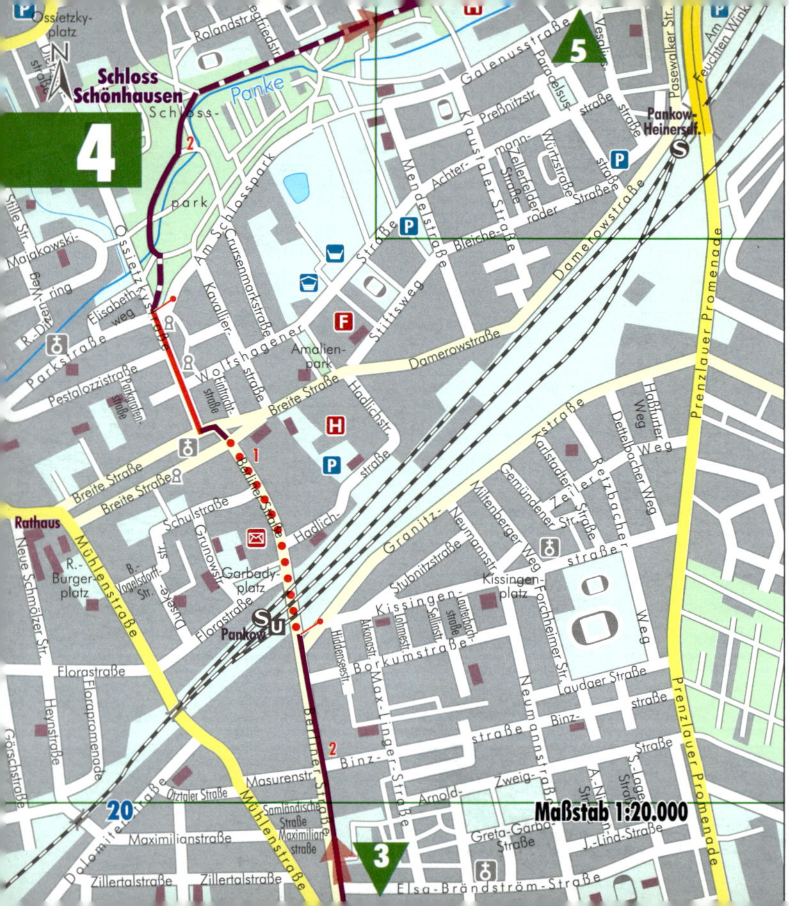

Straße das Fahrrad über den Gehweg schieben und kommen so direkt in die Rochstraße.

Biegen Sie in die nächste rechts ab und danach in die erste Straße nach links ~ unter der S-Bahn durch und der **Max-Beer-Straße** folgen ~ in der **Linienstraße** das Fahrrad links über den Gehweg schieben und danach nach rechts ~ die **Torstraße** kreuzen ~ auf dem Radweg entlang der **Schönhauser Allee**.

Prenzlauer Berg

- **Wasserturm** (1875), Knaackstr. 23; der Wasserturm diente als oberirdischer Wasserspeicher, 1914 wurde die Anlage stillgelegt.
- **Kultubrauerei**, Schönhauser Allee 36. Das 25.000 qm große Gelände des denkmalgeschützten Gebäudeensembles ist ein vielseitiger Veranstaltungsort.
- **Kollwitzplatz**, Mehr als 50 Jahre lebte Käthe Kollwitz hier mit ihrem Mann, dem Armenarzt. Mitten am Platz erinnert die von Gustav Seitz geschaffene Bronzefigur an die Künstlerin.

Am U-Bahnhof **Senefelder Platz** nach links in die **Schwedter Straße** abzweigen ~ die **Bernauer Straße** kreuzen und dem Kopfsteinpflasterweg im **Mauerpark** folgen.

Mauerpark

- **„Kinderbauernhof im Mauerpark"**

Sie kommen an der Max-Schmeling-Halle vorbei und fahren geradeaus weiter in die **Schwedter Straße** ~ die S-Bahn überqueren ~ nach rechts in die **Behmstraße** ~ nach links in die **Schönfließer Straße** ~ rechts in die **Bornholmer Straße** einbiegen, nach der U-Bahn links in die **Schönhauser Allee** abzweigen, die nach wenigen Metern in die **Berliner Straße** übergeht ~ rechts an der U-Bahn-Station **Vinetastraße** vorbei, danach unter der S-Bahn durch ~ an der **Breite Straße** links abbiegen und gleich wieder rechts in die **Ossietzkystraße** ~ geradeaus bis zum **Schlosspark**.

Schloss Schönhausen

6 Schloss Schönhausen, Ossietzkystraße. Das 1664 erbaute Schloss wurde in den 1950er Jahren von Wilhelm Pieck, dem ersten Präsidenten der DDR, als Amtssitz genutzt und u. a. die erste Regierung vereidigt. Nach dem Tod Piecks verlor das Schloss an politischer Bedeutung. In der Phase der Wiedervereinigung war das Schloss noch einmal Tagungsort; hier fanden die sogenannten Zwei-plus-vier-Gespräche statt. Im Jahr 2009 sollen die Räume für Besucher zugänglich sein.

Fahren Sie den Weg quer über den Platz bis zur **Panke.**

Panke

Die Panke, der kleine Fluss, hat immerhin eine Länge von 27 Kilometern. Sie fließt von Bernau nach Berlin und mündet an zwei Stellen in der Stadt in die Spree. Sie hat nicht nur dem Berliner Bezirk Pankow seinen Namen gegeben, sondern auch der brandenburgischen Ortschaft Panketal. Während sie bis zum Ende des 19. Jahrhunderts sogar schiffbar war, fließt heute nur noch sehr wenig Wasser und sie liegt zu bestimmten Zeiten sogar trocken.

Fahren Sie links von der Panke den Weg entlang ~ an der Kleingartenanlage vorbei ~ geradeaus in die **Schlossallee** ~ die Straßenbahn und die **Pasewalker Straße** überqueren ~ auf der linken Seite der Autobahnabfahrt am Gehweg entlang über die Panke ~ in den ersten Weg links einbiegen und der Beschilderung **Pankeweg** folgen ~ Sie fahren auf dem unbefestigten Weg zwischen der Panke und kleinen Seen weiter ~ an einer Kleingartensiedlung vorbei ~ links in die **Bahnhofstraße** einbiegen ~ den Pankeweg verlassen und nach rechts in die **Pankstraße** ~ in die erste Straße nach links ~ an der T-Kreuzung rechts abzweigen und

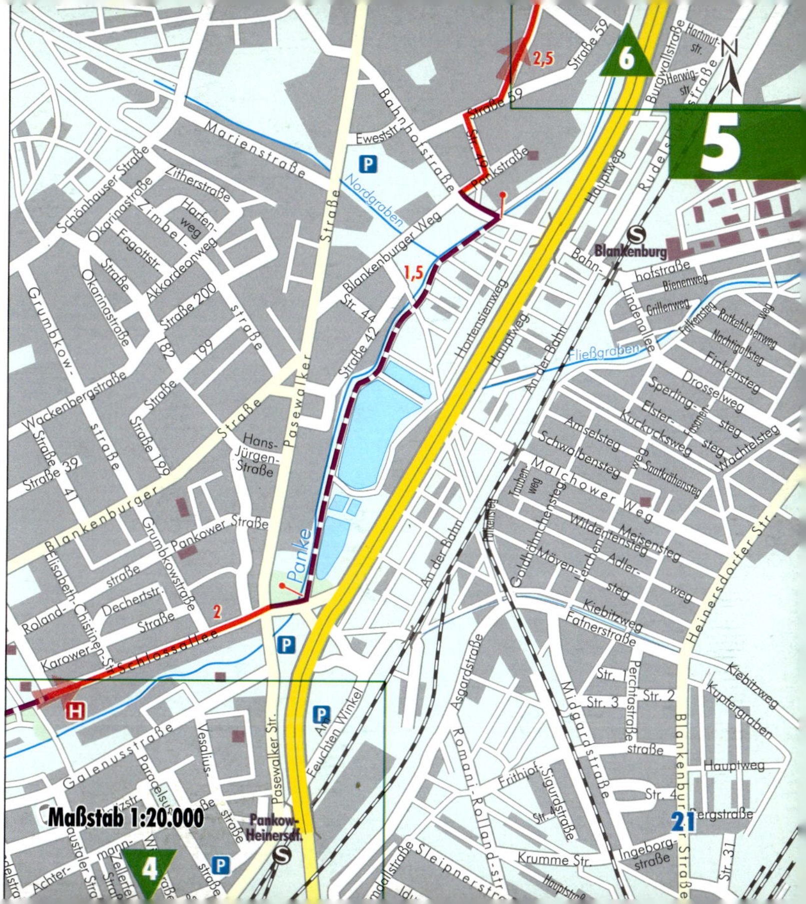

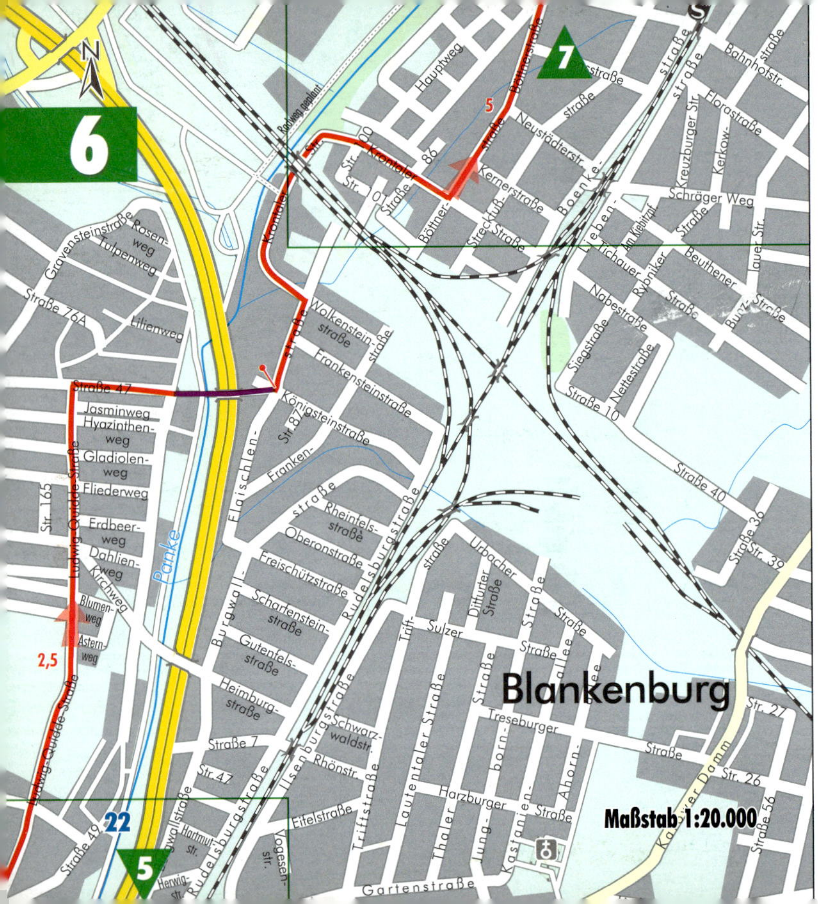

wieder links in die **Ludwig-Quidde-Straße** ~ nach ungefähr 1,5 Kilometern an der T-Kreuzung rechts abbiegen und zur Fußgängerbrücke ~ über die Autobahn ~ nach der Brücke links abzweigen ~ nach links in die **Krontalerstraße.**

Tipp: Nach der Rechtskurve ist eine neue Brücke über die Panke geplant. Der Radweg soll dann links der Panke entlangführen. Bis zur Fertigstellung der Brücke (laut Planung 2006) empfiehlt es sich, auf der Krontaler Straße zu bleiben.

Sie fahren unter der Bahn durch und folgen dem Rechtsbogen der Straße ~ links in die **Böttnerstraße** ~ dem Rechtsbogen der Straße folgen ~ links abbiegen in die **Straße 94** ~ an der T-Kreuzung links abbiegen ~ gleich nach der Brücke nach rechts in den Pankeweg ~ unter der Bahn durch, über die Autobahn und auf dem Weg, der parallel zur **Stettiner Bahn** verläuft, geradeaus fahren.

Berlin-Buch

Von Berlin-Buch nach Bernau 10,5 km

Sie fahren nach der **S-Bahn-Station Buch** rechts unter der S-Bahn durch, anschließend gleich links in die Straße entlang der S-Bahn ~ bei der S-Bahnbrücke rechts in den **Pölnitzweg** und gleich wieder links in den asphaltierten **Pankeweg** fahren ~ an der nächsten T-Kreuzung links abzweigen

Tipp: Die geplante Route sollte eigentlich nach rechts verlaufen, da aber Eigentümerverhältnisse noch nicht geklärt sind, wird die Route vorerst an dieser Stelle umgeleitet.

Fahren Sie gleich wieder rechts und weiter geradeaus entlang der S-Bahn ~ rechts in die **Bahn-**

hofstraße abbiegen, danach links in die **Triftstraße.**

Tipp: Von hier an ist der Radfernweg Berlin-Usedom sehr gut beschildert.

Fahren Sie rechts in die **Straße der Jugend**, nach der Brücke über die Panke nach links abzweigen ~ die **Schönerlinder Straße** kreuzen und gegenüber in die **Eisenbahnstraße** ~ dem Rechtsknick der Straße folgen ~ Sie kommen jetzt zur S-Bahn-Station Zepernick.

Zepernick

PLZ: 16336; Vorwahl: 030

Touristinfo Gemeinde Panketal, Frau Fiedler ✆ 9451110 oder Fremdenverkehrsamt Bernau (s. Bernau)

St. Annenkirche, Schönower Str. 76.

Funde aus den 1970er Jahren bezeugen, dass das Gebiet des heutigen Zepernick schon in der Jungsteinzeit besiedelt war. Der Ort wurde vermutlich in der ersten Hälfte des 13. Jahrhunderts als deutsche Siedlung gegründet. Nachdem sich in den folgenden Jahren die Gerichtsbarkeit und das Patronat immer wieder geändert hatten, wurde es 1466

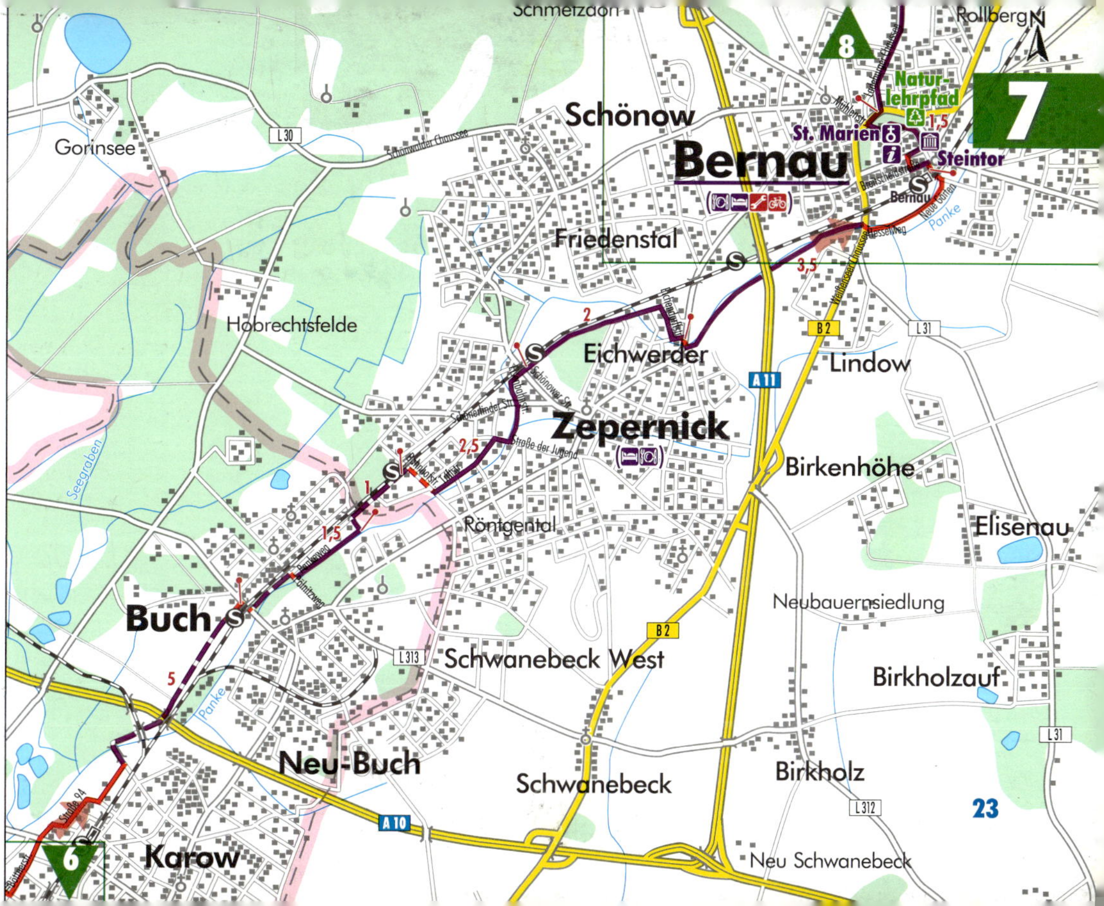

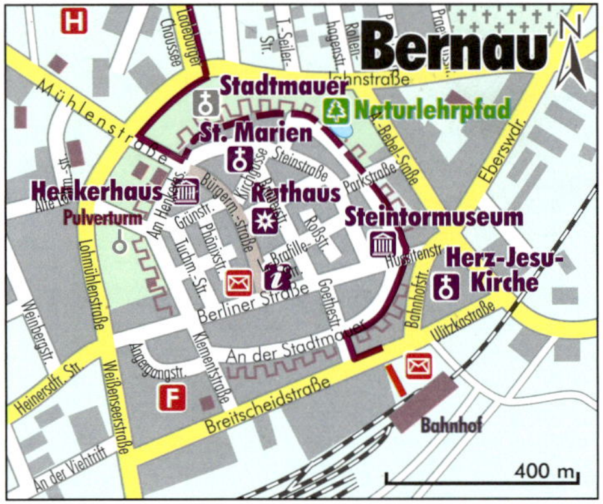

von Benediktus von Hoppenrade dem Domstift in Berlin geschenkt. Durch den Bau der Eisenbahnstrecke Berlin-Stettin in der Mitte des 19. Jahrhunderts wurde Zepernick zu einem beliebten Vorort von Berlin.

Nach der S-Bahn-Station kreuzen Sie die **Schönower Straße** und fahren auf den Weg entlang der S-Bahn ~ über die kleine Brücke und geradeaus weiter ~ rechts ab in die **Eichendorffstraße**, dann in die zweite Straße nach links ~ die Vorfahrtsstraße überqueren und direkt gegenüber in den Panke-Radweg ~ Sie kommen unter der Autobahn durch ~ rechts in die **Weißenseer Chaussee.**

Tipp: Achten Sie auf den starken Autoverkehr.

Danach gleich links in den **Hesselweg** ~ der S-Kurve und der asphaltierten Anliegerstraße folgen ~ Sie kommen an einer Kleingartensiedlung vorbei, auf der linken Seite können Sie bereits Bernau erkennen ~ am Ende des Weges **Neue Gärten** links abbiegen ~ unter den Bahngleisen durch und links in die **Breitscheidstraße.** Auf der linken Seite liegt der Bahnhof von Bernau.

Stadtmauer, Bernau

Bernau bei Berlin

PLZ: 16321; Vorwahl: 03338

Fremdenverkehrsamt, Bürgermeisterstr. 4, ✆ 761919

St.-Marien-Kirche, Kirchplatz, ✆ 70220. Die Kirche wurde 1519 eingeweiht. Sie ist das bedeutendste Bauwerk der Stadt Bernau und eine der schönsten Kirchen der Mark Brandenburg. Die Kirche beherbergt eine reiche Ausstattung besonderer Kunstwerke, u. a. ein seltener Flügelaltar mit Bildtafeln aus der Schule von Lukas Cranach d. Ä. In dem spätgotischen Hallenbau findet jährlich das Festival Alter Musik statt.

Herz-Jesu-Kirche (1907-1908), Bahnhofstr., ✆ 2209, im Stil norddeutscher Backsteingotik erbaut, mit wunderschönen Fenstermalereien; Konzerte und Führungen.

Museum Henkerhaus, Am Henkerhaus, ✆ 2245; ÖZ: Di-Fr 9-12 Uhr und 13-17 Uhr, Sa/So 10-13 und 14-17 Uhr. Vom 16.-19. Jh. wirkte nachweisbar hier der Henker von Bernau.

Steintor mit Hungerturm, Berliner Str., ✆ 2924; ÖZ: Mai-Okt. Di-Fr 9-12 Uhr und 13-17 Uhr, Sa/So 10-13 Uhr und 14-17 Uhr.

Mit dem Bau der **Stadtmauer** wurde im 14. Jh. begonnen.

Die umfangreiche Befestigungsanlage bestand aus einem dreifachen Wall- und Grabensystem und einer 8 Meter hohen und ca. 1,5 km langen Feldsteinstadtmauer.

- **klassizistisches Rathaus** (1805)
- Die **Hussiten-Festspiele** werden jedes Jahr am 2. Wochenende im Juni als mittelalterliches Spektakel gefeiert. Dieses Fest geht auf die Vertreibung der Hussiten zurück, welche die Stadt 1432 belagert hatten.
- **Naturlehrpfad** in den Bernauer Wallanlagen
- **Fahrradcenter Berger**, Heinersdorfer Str. 28, ✆ 705052
- **Fahrrad-Service Schneider**, Berliner Str. 26, ✆ 758642

Aufgrund von verheerenden Stadtbränden im 15. Jahrhundert lassen sich die genaueren Umstände der Gründung der Stadt nicht mehr nachvollziehen, es müsste aber am Anfang des 13. Jahrhunderts gewesen sein. Im Mittelalter war Bernau vor allem wegen seines Bieres und der Tuche weit über die Grenzen der Mark Brandenburg hinaus bekannt. Doch auch die Stadtmauer, mit der u. a. der Ansturm der Hussiten abgewehrt werden konnte, das Steintor, der Pulverturm und die Marienkirche zeugen von der damaligen Blütezeit. Die Pest und der Dreißigjährige Krieg beendeten diese Phase und machten Bernau zu einer verarmten Stadt. Erst mit der Inbetriebnahme der Eisenbahn nach Berlin konnte man wieder an die frühere Blütezeit anknüpfen und Bernau wurde zu einem beliebten Ausflugsziel für die Berliner.

Von Bernau nach Biesenthal 12 km

Sie fahren von der **Breitscheidstraße** in die erste Straße nach rechts ~ an der Stadtmauer nach rechts ~ an der Stadtmauer entlang ~ am Steintor vorbei ~

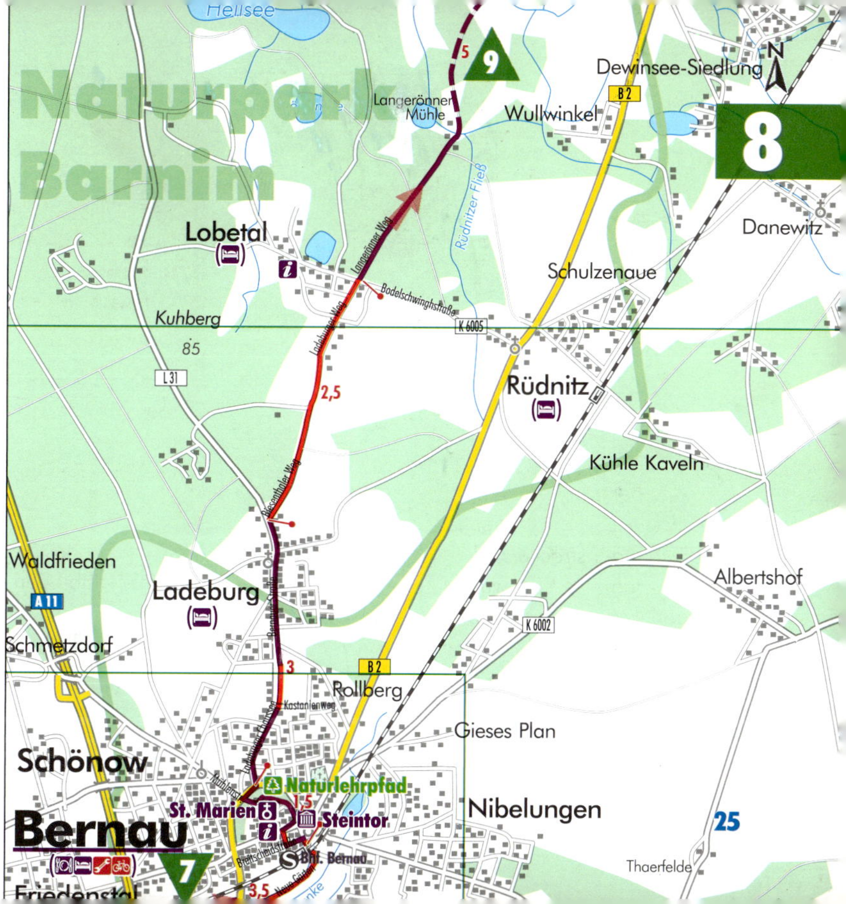

der Stadtmauer folgen und nach rechts in die **Mühlenstraße** ~ den Stadtmauerring verlassen ~ an der Vorfahrtsstraße nach rechts ~ an der nächsten Ampelkreuzung links in die **Ladeburger Chaussee** ~ nach ca. einem Kilometer nach rechts in den **Kastanienweg** und gleich wieder links in die Anliegerstraße, die parallel zur **Ladeburger Chaussee** verläuft ~ nach etwa 500 Metern kommen Sie wieder auf den Radweg, dem Sie durch **Ladeburg** folgen.

Ladeburg

PLZ: 16321; Vorwahl: 03338

Fremdenverkehrsamt Bernau, Bürgermeisterstr. 4, ☎ 761919

Dorfkirche, die Feldsteinkirche wurde im 13. Jh. errichtet.

Das Dorf Ladeburg ist bald nach der Besitzergreifung des Barnim durch die Askanier – einem schwäbisch-fränkischen Fürstengeschlecht, das in der Mitte des 12. Jahrhunderts Brandenburg eroberte und Siedler ins Land rief – um 1231 entstanden. Ursprünglich war die Ortschaft von der Anlage her ein Straßenangerdorf, durch eine weitere Siedlungsachse

Radweg bei Biesenthal

wurde später eine kreuzförmige Dorfanlage daraus. Den Kern des Dorfes bilden die Feldsteinkirche aus dem 13. Jahrhundert und der Dorfpfuhl. Seit Beginn des 21. Jahrhunderts ist Ladeburg ein Ortsteil der Stadt Bernau. Die Umgebung des Ortes hat viel Natur zu bieten: das nördlich gelegene Waldgebiet „Ladeburger Heide" oder das im Westen gelegene Naturschutzgebiet „Ladeburger Schäferpfühle".

Am Ortsausgang Ladeburg zweigt rechts der **Biesenthaler Weg** ab ~ nach ca. 100 Metern folgt eine Fahrradstraße ~ nach dem Ortseingangsschild **Lobetal** geht die Fahrradstraße in eine Spielstraße über.

Lobetal

PLZ: 16321; Vorwahl: 03338

Fremdenverkehrsamt Bernau, Bürgermeisterstr. 4, ☎ 761919

Touristentreff Alte Schmiede, An der Schmiede 2, ☎ 66435

Der Ort Lobetal hat eine relativ kurze Geschichte: Erst 1906 wurde durch Pastor Friedrich von Bodelschwingh an diesem Ort eine Kolonie für die Obdachlosen aus Berlin gegründet. In den 1930er Jahren wurden außer den Wohnungslosen vermehrt auch alte und behinderte Menschen betreut. Während der Zeit des Nationalsozialismus zeigte der damalige Leiter, Pastor Paul Braune, Engagement und Mut und trat der „Vernichtung unwerten Lebens" durch die Nazis entgegen. Außerdem versteckte er unter falschem Namen Juden in seiner Anstalt. Heute ist das Dorf durch seine Wohnstätten, Betreuungseinrichtungen und Werkstätten für Behinderte geprägt, vor allem aber auch durch seine parkähnliche Gesamtgestaltung, das integrative Miteinander der Menschen und die Offenheit gegenüber Besu-

chern. Seit Anfang 2003 ist Lobetal ein Ortsteil der Stadt Bernau.

Sie folgen der Spielstraße und kreuzen die **Bodelschwinghstraße** ~ geradeaus in den **Langerönner Weg** ~ Sie kommen an der **Langerönner Mühle** vorbei ~ ab hier gibt es einen Kiesweg, der Sie durch das wunderschöne Naturschutzgebiet **Biesenthaler Becken** führt ~ am Ende des Weges geradeaus auf die Straße.

Tipp: Auf der rechten Seite liegt ein schöner großer Rastplatz.

Vor der evangelischen Kirche in Biesenthal nach links in die **Breite Straße**.

Biesenthal

PLZ: 16359; Vorwahl: 03337

- **Informationsbüro** des Tourismusvereins Naturpark Barnim e. V., Berliner Str. 1, ☎ 490718
- **evangelische Pfarrkirche**, Kirchgasse.
- **neubarocke katholische Kirche** (1908-1909), Bahnhofstr. 162, ☎ 2132.
- **Heimatstube Biesenthal**, Berliner Str. 1, ÖZ: Do 10-12 Uhr.
- **historischer Marktplatz mit Rathaus**
- Das **Naturschutzgebiet „Biesenthaler Becken"** war einst als eiszeitliches Gletscherbecken mit Wasser gefüllt. Später haben sich hier Moore aller Art gebildet, die vom Aussterben bedrohten Pflanzen- und Tierarten Lebensraum bieten. Auf gut ausgeschilderten Wanderwegen kann der Besucher Orchideen, Kraniche, Eisvögel u. a. entdecken.
- **Strandbad Wukensee**, Ruhlsdorfer Str. 41, ☎ 451128
- Zweiradhof Biesenthal, Grünstr. 26, ☎ 40260

Das Gebiet der heutigen Stadt war schon vor etwa 10.000 Jahren besiedelt; die mittelsteinzeitlichen Jäger und Sammler fanden hier günstige Lebensbedingungen: Es gab genügend Fisch, Wild und trockene Sandkuppen für ihre Lager. Die Entstehung der spä-

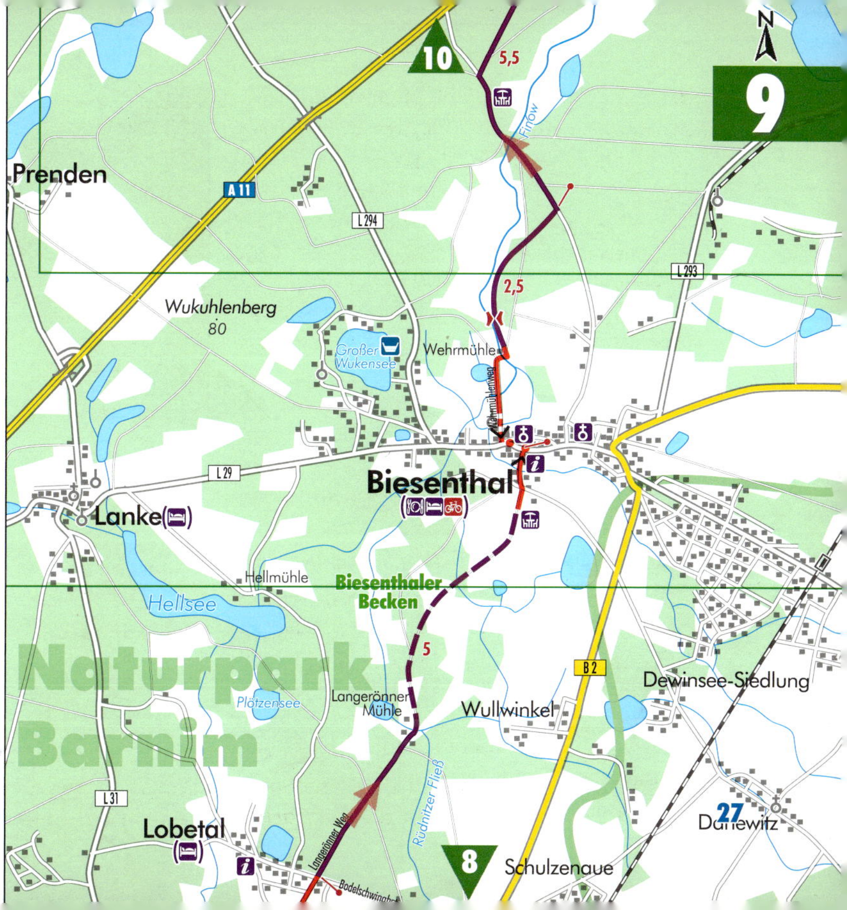

teren Ortschaft Biesenthal hängt eng mit der mittelalterlichen Expansion im Osten zusammen. Eine Burg, die die Ostexpansionspolitik absichern sollte, gab den Anlass und auch den notwendigen Schutz zur Gründung des Ortes, der 1258 als Bisdal erstmalig urkundlich erwähnt wurde. Von der askanischen Burg sind heute nur noch die Grundmauern auf dem Schlossberg erhalten.

Von Biesenthal bis Marienwerder 12,5 km

Die **Breite Straße** entlang und in der Linkskurve rechts abzweigen ~ links halten und auf die Kopfsteinpflasterstraße ~ nach der S-Kurve vorbei an der Ruine der **Wehrmühle** ~ nach links durch die Pfosten auf den asphaltierten Radweg und leicht bergauf ~ nach ca. 5 Kilometern auf einer Brücke über die Autobahn ~ dem straßenbegleitenden Radweg bis zur Weggabelung folgen.

Tipp: An dieser Weggabelung ist die Abzweigung zur Alternativroute über Eberswalde zum Schiffshebewerk Niederfinow und zum Kloster Chorin. Die weitere Streckenbeschreibung der Hauptroute finden Sie auf S. 34

Grafenbrückschleuse

Alternative über Eberswalde und Chorin 49 km

An der Weggabelung nach rechts und wieder über die Autobahn ~ geradeaus auf eine asphaltierte Straße ~ nach rechts auf die Vorfahrtsstraße, hier den gemeinsamen Rad- und Fußweg benutzen.

Finowfurt

PLZ: 16244; Vorwahl: 03335

Luftfahrthistorische Sammlung Flugplatz Finow, Am Flugplatz, ✆ 7233, ÖZ: tägl. 10-17 Uhr. Eine umfassende Darstellung der Brandenburgischen Luftfahrtgeschichte.

Bei der nächsten Vorfahrtsstraße links ~ hinter der Brücke nach rechts auf den **Treidelweg**.

Tipp: Ab hier finden Sie die Beschilderung des Treidelweges.

Nach ca. 2,5 Kilometern endet der asphaltierte Radweg beim Rastplatz ~ auf der Straße geradeaus zur **Altenhofer Straße** und den Schildern vom Rad- und Wanderweg Treidelweg nach rechts folgen.

Tipp: An dieser Stelle befindet sich 100 Meter nach links die **Messingwerk-Siedlung**, ein baulich sehr schönes Ensemble.

Finow

Messingwerksiedlung (1690-1700)

Kurz vor der Brücke nach links wieder auf den Treidelweg ~ unter der **Eisenbahnbrücke** hindurch ~ beim Wehr nach links über die **blaue Brücke**.

Tipp: Ab hier finden Sie zusätzlich zur Treidelweg–Beschilderung auch Schilder zum Oder-Havel-Radweg.

Unter der Straßenbrücke hindurch und bei der nächsten Brücke über die Lichtenfelder Straße.

Tipp: ⚠ Achten Sie auf den starken Autoverkehr!

Für einige Meter rechts dieser Straße und dann in die rechts abzweigende Straße ~ bei der **Drahthammer Schleuse** nach rechts über die Brücke ~ nach links auf den Radweg am rechten Ufer vom Finowkanal ~ nach links über die Brücke der **Boldtstraße** ~ hinter der Brücke im Rechtsbogen wieder hinunter zum Wasser ~ an der **Kupferhammer Schleuse** vorbei ~ unter der **Bahnbrücke** und einer **Straßenbrücke** hindurch.

Eberswalde

PLZ: 16225; Vorwahl: 03334

- **Touristinformation Eberswalde**, Steinstr. 3, ✆ 64520
- **Tourismuszentrum Eberswalde**, Am Alten Walzwerk 1, ✆ 384910
- **Fahrgastschifffahrt Neumann**, Birkenweg 18, ✆ 24405
- Die gotische **Kirche Maria-Magdalena** (13. Jh.) ist ein sehenswerter mittelalterlicher Backsteinbau, Führungen nach Anmeldung, ✆ 205959.
- **Museum in der Adler-Apotheke**, Steinstr. 3, ✆ 64520, ÖZ: tägl. 10-17 Uhr, außer an gesetzl. Feiertagen. Ausstellung zur Stadt- und Regionalgeschichte.
- **Finowkanal**, Info über ✆ 279330
- **Zoologischer Garten**, Am Wasserfall, ✆ 22733, ÖZ: tägl. ab 9 Uhr bis zur Dämmerung. Eingebettet in einer herrlichen Mischwaldlandschaft sind auf einer Fläche von 24 ha ca. 1.000 Tiere zu sehen.
- **Forstbotanischer Garten**, Schwappachweg, ✆ 22193, ÖZ: Sommer: 9-18 Uhr, Winter: 9-15.30 Uhr. Der Forstbotanische Garten zählt zu den Ältesten seiner Art in Europa; es gibt ca. 600 Krautpflanzen und 1.200 Gehölzsippen zu sehen.
- **Familiengarten**, Am Alten Walzwerk 1, ✆ 384910, ÖZ: 25. März-31. Okt. tägl. 9-18 Uhr. Der Garten befindet sich auf dem Gelände der Landesgartenschau Eberswalde 2002. Er bietet viele verschiedene Möglichkeiten für Kinder und Erwachsene wie z.B. eine Märchenspiellandschaft, erlebbare Industriegeschichte, eine Abenteuerstadt, eine Gartenwelt, einen Feenwald, eine Spiegelwelt u.v.m.

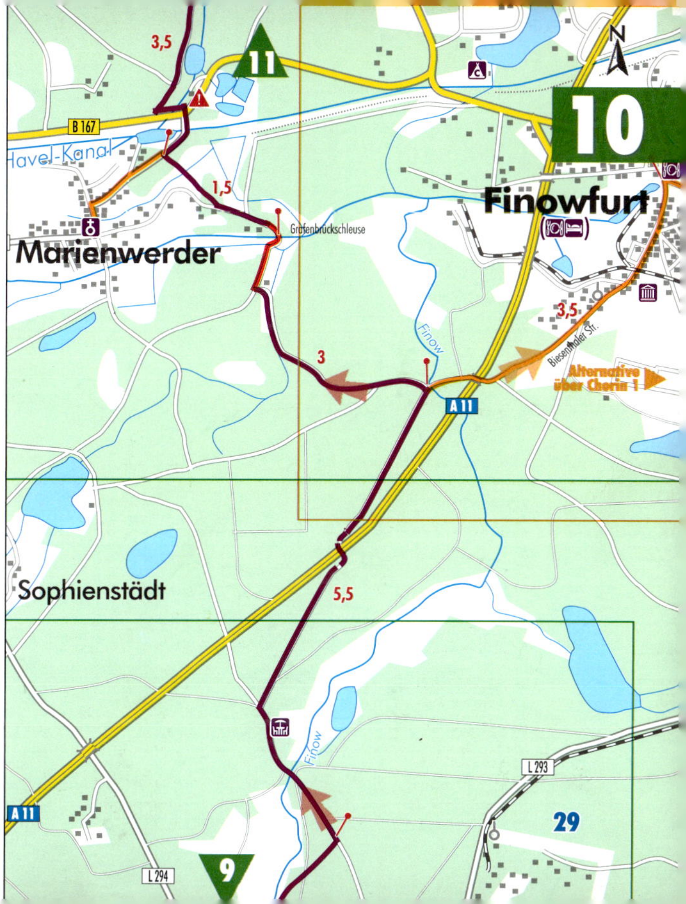

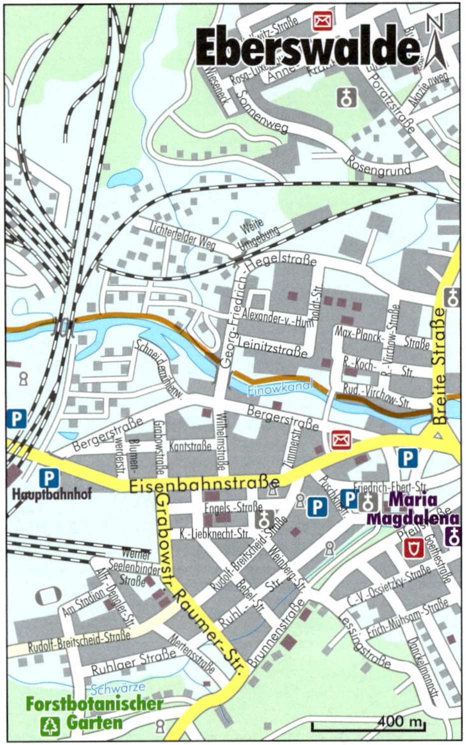

Bei Finowfurt

Fahrradverleih, ✆ 381620 oder 32135

„Everswolde" wurde 1276 erstmals urkundlich erwähnt und lag an einer Handelsstraße, die über eine Furt der Finow führte. Als wichtiger Verkehrsknotenpunkt entwickelte sich die Ansiedlung schnell zur Stadt, die jedoch 1499 durch einen verheerenden Brand fast wieder ausgelöscht wurde. Neben Rathaus und Kirche blieben nur wenige Gebäude bestehen. Nach dem Neuaufbau gelangte die Stadt durch Handel und Gewerbe zur zweiten Blüte. Der Dreißigjährige Krieg brachte erneut Tod und Zerstörung. Im Jahre 1632 wurden nur noch 20 Einwohner in Eberswalde gezählt.

Mit der Errichtung eines Messingwerkes begann der industrielle Aufschwung in der Region. Zur weiteren Entwicklung der Stadt trug auch der Bau der Eisenbahnstrecke Berlin-Eberswalde (1842-1844) bei.

Der Finowkanal

Der historische Finowkanal erstreckt sich über eine Länge von 50 Kilometern vom Langen Trödel bei Liebenwalde bis zur Einmündung des Oder-Havel-Kanals in die Oder bei Hohensaaten. Es ist die älteste noch beschiffbare künstliche Wasserstraße Deutschlands, sie wurde Anfang des 17. Jahrhunderts erstmalig erbaut. Während des Dreißigjährigen Krieges wurde der Kanal so sehr zerstört, dass er danach verwuchs und seine Schleusen zerfielen. Nachdem Friedrich II. den Finowkanal erneut ausbauen ließ, wurde er 1746 ein zweites Mal in Betrieb genommen. Durch den Bau der Oder-Havel-Wasserstraße verlor der Kanal ab 1914 an Bedeutung. Heute wird er nur noch von Wasserwanderern genutzt,

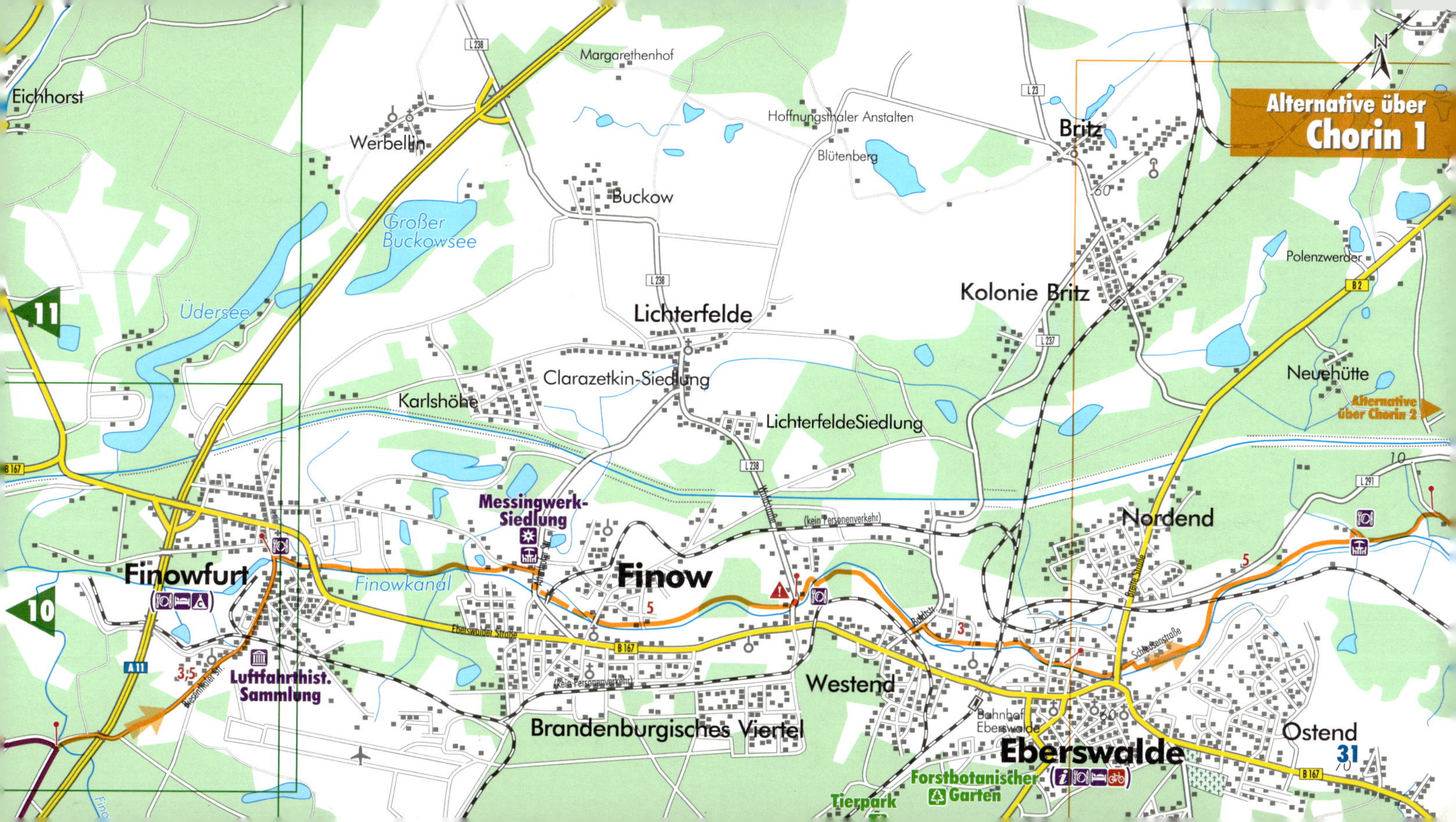

Alternative über
Chorin 1
Alternative über Chorin 2
Eichhorst
Werbellin
Margarethenhof
Hoffnungsthaler Anstalten
Blütenberg
Britz
Buckow
Großer Buckowsee
Üdersee
Lichterfelde
Kolonie Britz
Polenzwerder
Clarazetkin-Siedlung
Karlshöhe
LichterfeldeSiedlung
Neuehütte
Messingwerk-Siedlung
Nordend
Finowfurt
Finow
Finowkanal
Eberswalder Straße
Luftfahrthist. Sammlung
Westend
Brandenburgisches Viertel
Bahnhof Eberswalde
Eberswalde
Ostend
Forstbotanischer Garten
Tierpark
(kein Personenverkehr)
Schleusenstraße
Breite Straße
L 238
L 23
L 237
L 291
B 2
B 167
A 11
11
10
31

die auf der historischen Strecke ein unvergleichliches Naturerlebnis genießen können. Entlang der Wasserstraße kann viel Industriegeschichte erlebt werden. Allein in Eberswalde liegen 6 Schleusen, darunter auch die älteste tätige Originalschleuse Deutschlands aus dem Jahre 1831. Der Treidelweg ist ein den Kanal begleitender Pfad, von dem früher die Kähne durch Menschen- oder Pferdekraft gezogen wurden. Heute ist er zum Rad- und Wanderweg ausgebaut.

Weiter am Ufer des Kanals und unter der großen Brücke der **Breiten Straße** hindurch ~ auf die **Schleusenstraße** und in die nächste Straße nach rechts ~ weiter auf dem Treidelweg am linken Kanalufer ~ auf dem Asphaltweg unter der **Eisenbahnbrücke** hindurch ~ knapp 2 Kilometer nach dieser Brücke zweigt der asphaltierte Weg nach links ab ~ über die **Brücke** und geradeaus ~ nach rechts in die **Ragöser Straße**, ein Plattenweg.

Tipp: Auf der linken Seite befindet sich der Forellenhof, eine Gaststätte, Imbiss und Räucherei, täglich geöffnet von 8-18 Uhr.

Kloster Chorin

Hinter der **Gaststätte Forellenhof** auf den asphaltierten Weg ~ dieser Radweg führt auf eine gepflasterte Straße, auf dieser am **Forsthaus** vorbei.

Tipp: Die Erlebnisgaststätte Zur Sauerei befindet sich ca. 30 Meter nach rechts. Hier wird ein Imbiss angeboten und nach telefonischer Vorbestellung (✆ 03334/283275) auch Wildschwein am Spieß serviert. Von März bis November ist täglich geöffnet.

Nach dem Forsthaus beginnt ein Radweg, der bis nach **Stecherschleuse** führt.

Stecherschleuse

Bei den ersten Häusern des Ortes auf eine Tempo-30-Straße ~ an der Weggabelung nach rechts ~ bei der Brücke geradeaus auf die Vorfahrtsstraße ~ schon bald sehen Sie vor sich das **Schiffshebewerk Niederfinow**. Östlich vom Schiffshebewerk mündet der Finow-Kanal in den Oder-Havel-Kanal.

Niederfinow

PLZ: 16248, Vorwahl: 033362

- **Touristinformation „Am Schiffshebewerk"**, Lieper Schleuse, Parkplatz 1c, ✆ 033362/71377
- **Schiffshebewerk Niederfinow**, ✆ 212, ÖZ: April-Sept. 9-18 Uhr und Nov-Mai 9-16 Uhr. Bei seiner Fertigstellung war das Schiffshebewerk 1934 das weltgrößte der bis dahin existierenden 10 Hebewerke. Es ist 60 Meter hoch, 94 Meter lang und 27 Meter breit. Durch seinen Bau konnte die ehemalige Schleusenkette des Oder-Havel-Kanals abgelöst werden. Die 36 Meter Höhenunterschied zwischen Kanalende und Niederoderbruch werden seither mit dieser Hebeanlage bewältigt. Als technisches Denkmal ist es eine Attraktion, die jeden Besucher in seinen Bann zieht.
- **Hotel Am Schiffshebewerk**, Hebewerkstr. 43, ✆ 70099

Unter dem Schiffshebewerk hindurch und dem Straßenverlauf folgen.

Tipp: Die Choriner Straße hat eine Kopfsteinpflasteroberfläche, die sehr schlecht zu befahren ist. Besonders die ersten beiden Kilometer sind in sehr schlechtem Zustand. Als Alternative können Sie vor Liepe im spitzen Winkel nach links auf die Landesstraße abzweigen und somit die Teile, die in schlechtestem Zustand sind, umfahren.

Beim Ortseingang Liepe nach links in die **Choriner Straße** ~ Sie fahren ca. 4 Kilometer auf diesem Weg ~ an der **B2** vor dem **Kloster Chorin** rechts abbiegen.

Tipp: Unbedingt empfehlenswert ist ein Besuch der Klosterruine Chorin.

Sie fahren am **Amtssee** vorbei und biegen in die erste Straße links ein ~ an der Kirche links in die **Dorfstraße**.

Chorin

PLZ: 16230; Vorwahl: 033366

Kloster Chorin, Amt 11, ✆ 70377,
ÖZ: April-Okt. 9-18 Uhr und Nov.-März 9-16 Uhr. Die Klosteranlage Chorin (1273-1334) ist das bedeutendste

Bauwerk in frühgotischer Backsteinbauweise in der Mark Brandenburg. Besondere Anziehungskraft übt die Klosterruine heute durch die von Juni bis September im Innenhof stattfindenden Konzerte des Choriner Musiksommers aus.

Fahrradverleih Chorin, ✆ 5310 oder 0147/6667210

Althüttendorf

Als „Perle im Barnimer Land" wird die Gegend um Chorin gern bezeichnet. Das Waldhügelland ist in der letzten Eiszeitperiode entstanden, etwa bis 15.000 vor unserer Zeitrechnung. Bis zu 90 Meter hohe Endmoränenbögen wurden hinterlassen. In den Senken der Grundmoränen sammelte sich das Schmelzwasser.

Sie fahren an der nächsten Weggabelung nach rechts und folgen der Asphaltstraße ~ nach der Bahnbrücke bis zum Ortsausgang auf Kopfsteinpflaster ~ abwechselnd auf Radweg und Straße bis Sie auf eine Straße stoßen, die Sie durch Senftenhütte führt.

Senftenhütte

Den Ort auf der Vorfahrtsstraße durchfahren ~ in Richtung Joachimsthal bis zur Bundesstraße **B 198**, hier nach links ~ nach 1,5 Kilometern der Beschilderung der Tour Brandenburg nach rechts folgen ~ die Autobahn überqueren.

Althüttendorf

An der Kirche rechts auf die Vorfahrtsstraße ~ links in die Sackgasse **Wiesenweg** abzweigen ~ am Ende der Sackgasse dem Radweg folgen ~ auf dem asphaltierten Weg am Grimnitzsee entlangfahren ~ Sie kommen an traumhaften Badestellen und einem Feriendorf vorbei ~ am Ende des Radweges geradeaus weiter ~ in der Rechtskurve der **Hövelstraße** links abbiegen ~ nach dem Pfosten rechts abzweigen ~ nach links und über die Bahngleise ~ rechts auf den Radweg bei der Vorfahrtsstraße ~ hier in der **Templiner Straße** kommen Sie wieder zur Hauptroute der Tour Berlin-Usedom.

Auf der Hauptroute biegen Sie an der Gabelung links ab und folgen dem Radweg neben dem gepflasterten Forstweg

Tipp: Fortführende Darstellung der Hauptroute auf Karte 11, S. 36.

Kurz vor der **Grafenbrücker Mühle** geht der Radweg in einen Forstweg über ~ ab der Mühle ist auch KFZ-Verkehr zugelassen, allerdings nur bis zur **Grafenbrückschleuse** ~ den **Finowkanal** an der Schleuse überqueren ~ links abbiegen in den Forstweg ~ an der nächsten Weggabelung rechts halten ~ danach rechts in die Vorfahrtsstraße.

Tipp: Wenn Sie an der Vorfahrtstraße links abbiegen, kommen Sie nach etwa 600 Metern nach Marienwerder.

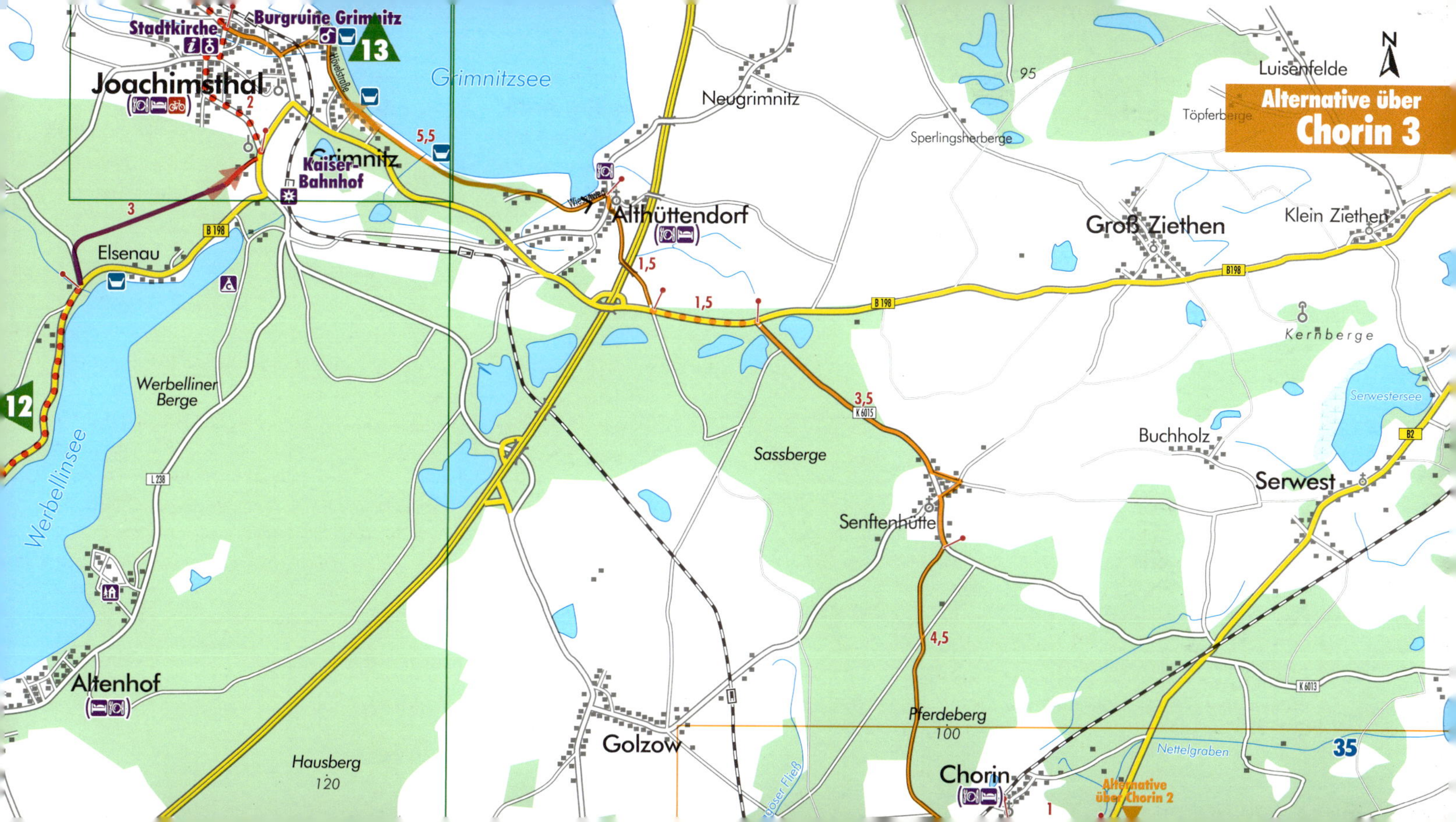

Alternative über
Chorin 3
Stadtkirche
Burgruine Grimnitz
13
Joachimsthal
Grimnitzsee
Grimnitz
Kaiser-Bahnhof
Nivelstraße
5,5
2
3
Elsenau
B 198
Neugrimnitz
Althüttendorf
1,5
1,5
Luisenfelde
95
Töpferberge
Sperlingsherberge
Groß Ziethen
Klein Ziethen
B198
Kernberge
Serwestersee
Buchholz
Serwest
B2
12
Werbelliner Berge
Werbellinsee
L 238
Sassberge
3,5
K 6015
Senftenhütte
4,5
Altenhof
K 6013
Pferdeberg
100
Golzow
Hausberg
120
Chorin
Nettelgraben
35
Alternative über Chorin 2
1

Ausflug nach Marienwerder

Marienwerder

- **Kirche.** Die neogotische Backsteinkirche wurde in der Mitte des 19. Jhs. erbaut.
- **Altes Schulzengericht,** Finowkanal. Das alte Schulzengericht ist das älteste Haus von Marienwerder. Der hier ansässige Schulze kümmerte sich um die Verteilung der Rohwolle, das Sammeln der gesponnenen Wolle, den Transport von und nach Berlin und die Abrechnung.

Die Stadt entstand nach dem Neubau des Finowkanals und der damit verbundenen Entwässerung der Gegend 1746. König Friedrich II. erließ die Anweisung, an diesem Ort ein Spinnerdorf zu errichten. Nach wenigen Jahrzehnten hatte die Heimweberei keine Zukunft mehr, doch die Schifffahrt bot den Einheimischen eine neue Existenzgrundlage. Vor allem seit dem Ende des 20. Jahrhunderts setzt man verstärkt auf den Tourismus; Straßen wurden saniert, Grünstreifen und Radwege ausgebaut und für Wassertouristen gute Voraussetzungen geschaffen.

Rosenbeck

Von Marienwerder nach Joachimsthal 22 km

Sie überqueren den **Oder-Havel-Kanal** und kreuzen die **B167**.

Tipp: ⚠ Achten Sie auf den starken Autoverkehr.

Dem Radweg nach links folgen ~ an der ersten Abzweigung nach der Brücke nach rechts auf den Radweg ~ nach ca. 2,5 Kilometern an der Kreuzung nach rechts in Richtung Rosenbeck abbiegen.

Rosenbeck

Am Schleusenteich vorbei, durch den Ort und dieser Straße folgen ~ in die **B198** links einbiegen ~ nach der Brücke über den **Werbellinkanal** rechts abzweigen.

Eichhorst

PLZ: 16244; Vorwahl: 03335

Tourist-Information „Alte Schmiede" in Groß Schönebeck, ✆ 033393/65 777.

1709 gab König Friedrich I. den Auftrag am Werbellinfließ eine Mühle zur Papierherstellung zu errichten, etwas mehr als 50 Jahre später wurde das Fließ zu einem Kanal aus-

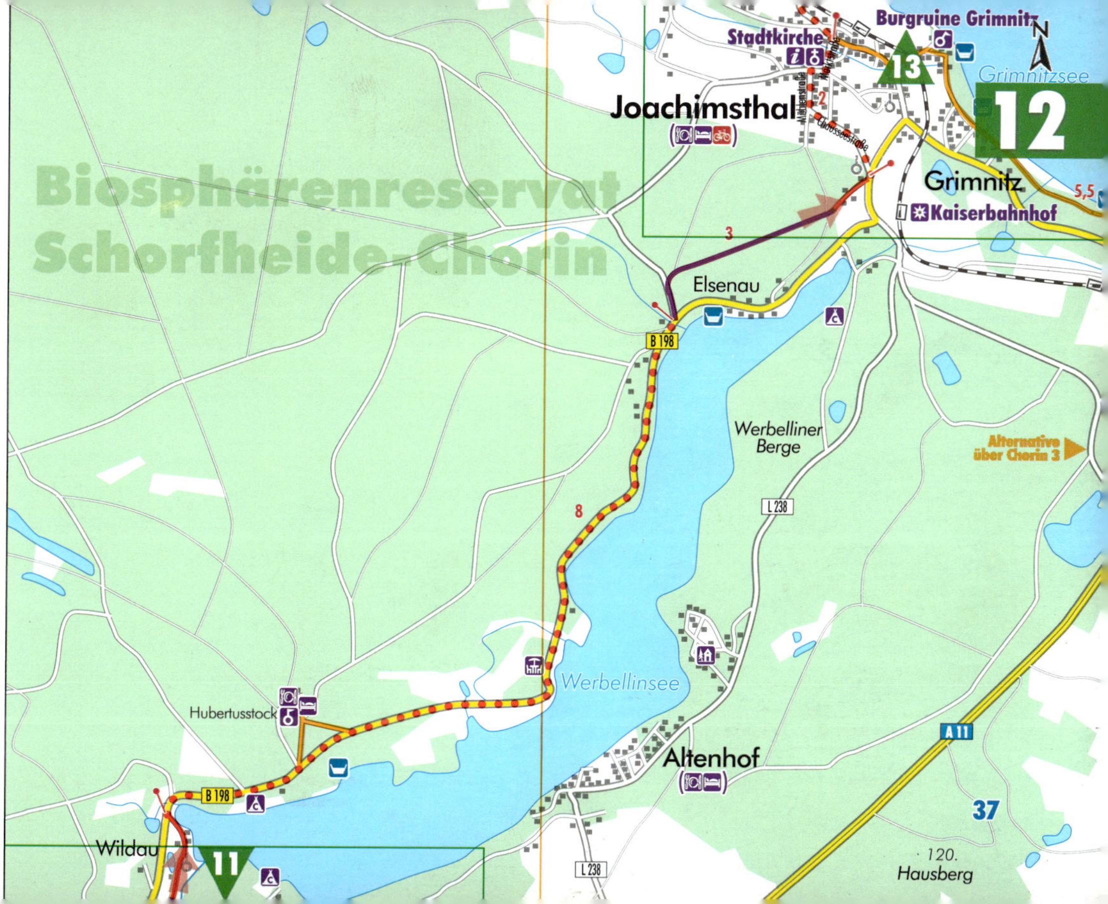

gebaut; damit hatte sich der Weg über Havel und Spree nach Berlin geöffnet. Da die Mühle von einem holländischen Baumeister errichtet wurde, und sich holländische Familien hier niederließen, nannte man den Ort „Holländische Papiermühle". Die Mühle brannte 1865 ab. Die Ortschaft wurde 1878 aufgrund eines kaiserlichen Erlasses in Eichhorst umbenannt, die namensgebende Eiche steht auch heute noch im Ort.

Sie fahren auf dem Radweg dem Werbellinkanal entlang ~ geradeaus auf die Straße ~ am Yachthafen vorbei.

Wildau

An der **B198** rechts abbiegen.

Werbellinsee

Das **Jagdschloss Hubertusstock** (1847-1849) ist von Friedrich Wilhelm IV. als repräsentativer Sitz für seine Jagden in der Schorfheide erbaut worden. 1971 wurde es vollständig abgerissen und neu aufgebaut; danach diente es der DDR-Führung als streng abgeschirmtes Regierungs-Gästehaus. Hier fand auch das historische Treffen zwischen Erich Honecker und dem damaligen Bundeskanzler Helmut Schmidt und Franz Joseph Strauß statt. Heute befindet sich in den historischen Räumen ein Hotelbetrieb.

Uckermark

Schon Fontane wusste von der besonderen Ausstrahlung des Werbellinsees zu berichten: „Es ist ein Märchenplatz, auf dem wir sitzen, denn wir sitzen am Ufer des Werbellin." Die herrliche Lage und das klare Wasser des Sees locken jedes Jahr tausende Besucher an. Auf einem Uferwanderweg lässt sich der See in 25 Kilometern umrunden.

Die nächsten 8 Kilometer bleiben Sie auf der Bundesstraße.

Tipp: An der Bundesstraße zwischen Wildau und Elsenau ist ein straßenbegleitender Radweg geplant, der 2007 gebaut werden soll.

Auf der rechten Seite sehen Sie nach ca. 7,5 Kilometern einen Bootsverleih auf der linken Seite, ein Hotel und ein Campingplatz ~ nach der Badestelle auf der rechten Seite biegen Sie links ab in den Radweg ~ im Ortsgebiet geradeaus weiterfahren ~ an der Bundesstraße links in die **Chausseestraße** ~ dem Rechtsbogen der Straße in die **Mühlenstraße** folgen ~ vor der Kirche rechts abzweigen ~ links abbiegen in die **Marktstraße**.

Joachimsthal

PLZ: 16247; Vorwahl: 033361

- **Tourist-Information**, derzeit in der Stadtbibliothek, Joachimsplatz 1-3, ✆ 64632
- **Infopunkt des Biosphärenreservates Schorfheide-Chorin**, Töpferstr. 1, ✆ 63380
- **Reederei Wiedenhöft**, Seerandstr. 23, ✆ 474
- **Reederei Schlößin**, Bergstr. 19, ✆ 4217
- **Stadtkirche**, Kirchstr. Um 1607 wurde hier eine Kirche eingeweiht, die nach dem 30-Jährigen Krieg umgebaut wurde. Im 19. Jh. brannte sie ab und wurde später von Karl Friedrich Schinkel neu errichtet.

- **Kaiserbahnhof**, Bahnhof Werbellinsee. Dieser Bahnhof wurde 1896 eingeweiht und sollte vor allem dazu dienen, den damaligen Kaiser Wilhelm II. möglichst schnell in sein Jagdschloss Hubertusstock zu bringen.
- **Burgruine Grimnitz**, alte Askanierburg.
- **Strandbad Werbellinsee EJB**, Joachimsthaler Str. 20, ✆ 033363/6297
- **Strandbad Grimnitzsee**
- **Fahrradverleih Krüger**, im Feriendorf am Grimnitzsee, ✆ 71007
- **Fahrradverleih Joachimsthal**, Am Knick 7, ✆ 64149

Kurfürst Joachim gründete Joachimsthal 1604. Der Bahnhof Joachimsthal-Süd wurde auf Anweisung von Kaiser Wilhelm II. erbaut, deshalb heißt er „Kaiserbahnhof". Die Bahnanbindung ermöglichte es nicht nur dem Kaiser, auf schnellstem Weg sein Jagdrevier am Werbellinsee zu erreichen, sondern auch den zahlreichen Touristen, die seither die Stadt besuchen und ihre schöne Lage zwischen dem Werbellinsee und dem Grimnitzsee genießen.

Von Joachimsthal nach Glambeck — 8 km

An der Vorfahrtsstraße nach links ~ nach dem Bahnübergang rechts in die **Glambecker Straße** in Richtung **Parlow-Glambeck** ~ dem Rechtsbogen der Vorfahrtsstraße folgen ~ links am **Dovinsee** vorbei ~ auf der Straße bleiben bis Sie in die Ortschaft **Glambeck** kommen ~ dem Rechtsknick der Straße folgen ~ auf der linken Seite ist der Rastplatz und der Taubenturm.

Glambeck

PLZ: 16247, Vorwahl: 033361

- **Info-Punkt Glambeck**, Denkmale Glambeck e.V., Wolletzer Weg, ✆ 70265 oder 0160/92982072

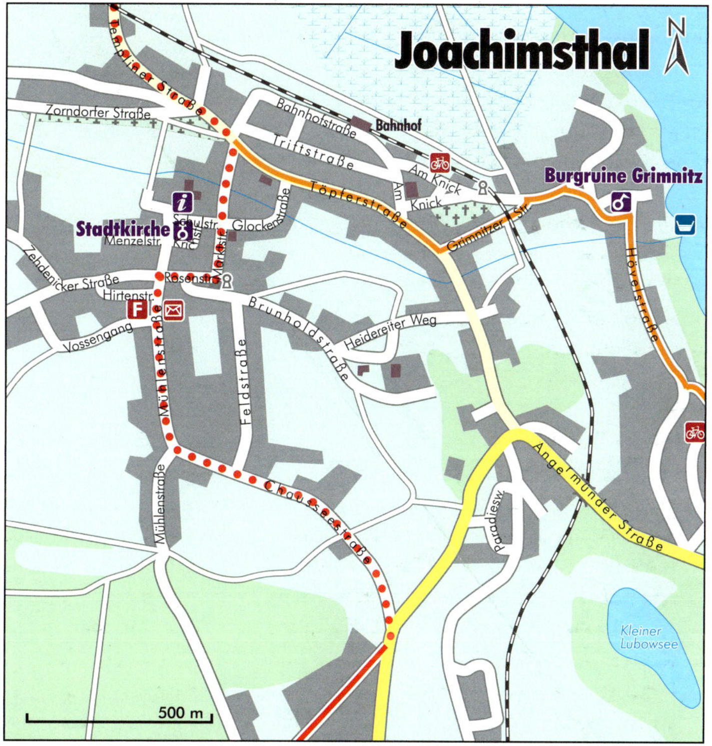

Taubenturm in Glambeck

🏛 **Dorfmuseum**, Weg am Park, ✆ 70265 oder 64410, ÖZ: Sa, So/Fei 11-18 Uhr, wochentags Anruf unter 0160/ 92982072

♁ **Dorfkirche**, Wolletzer Weg, ✆ 70265. ÖZ: Di-Fr 10-17 Uhr, Sa/So 11-18 Uhr Die Fachwerkkirche aus dem Jahr 1708 ist eine der kleinsten und einfachsten Kirchen Brandenburgs, eine sogenannte „Arme-Leute"-Kirche. Sie ist eine offene Wegekirche, d. h. sie bietet die Möglichkeit zur stillen Einkehr. Seit Pfingsten 2005 ist die Kirche eine Fahrradkirche; jedes Jahr zu Pfingsten findet hier ein Fahrradgottesdienst statt.

❋ **Taubenturm**, Straße am Park, ✆ 70265. Friedrich Wilhelm von Reedern ließ diesen Turm, das Wahrzeichen des Dorfes, in der zweiten Hälfte des 19. Jhs. bauen. Seit 2002 kann man in einer Galerie verschiedene Ausstellungen besuchen.

❋ **Schlossruine und Schlosspark**. Rund 200 Jahre lebten die Gutsherren in einem Rittersitz am selben Ort bis Ende des 18. Jhs. ein neues Herrenhaus errichtet wurde. Vom ehemaligen Schloss sind allerdings nur noch Fundamentreste übrig geblieben. In den 1960er Jahren wurde das Gebiet um Glambeck zum Staatsjagdgebiet der ehemaligen DDR ernannt. Somit mussten die Pläne, hier ein Ferienheim zu errichten, aufgegeben werden. 1982 wurde das Gebäude abgerissen. Der Schlosspark hingegen wurde neu gestaltet.

❋ **Eiskeller**, Schlosspark. Bis 1952 wurde dieser Raum für die Kühlung der Lebensmittel und der Jagdbeute genutzt. Man schnitt im Winter riesige Eisblöcke aus dem See und brachte diese über eine Rutsche in den Keller. Im Sommer (1. April bis 31. Oktober) kann der Eiskeller besichtigt werden.

Tipp: Die Hauptroute führt über Wolletz zur Blumberger Mühle. Sie können die Route auch um 9 Kilometer abkürzen und direkt nach Steinhöfel fahren. Allerdings wird der Weg nach dem Abschnitt auf der L239 sandig.

Blumberger Mühle

Variante nach Steinhöfel

Auf der Vorfahrtsstraße bleiben ⇝ die Autobahn überqueren ⇝ links am **Redernswalder See** vorbei ⇝ im Görlsdorfer Forst beim Rechtsbogen der Vorfahrtsstraße diese kreuzen ⇝ dem unbefestigten Waldweg folgen ⇝ nach ungefähr 1,5 Kilometern an der Dreieckskreuzung nehmen Sie den mittleren Weg ⇝ auf diesem Weg bis Steinhöfel bleiben.

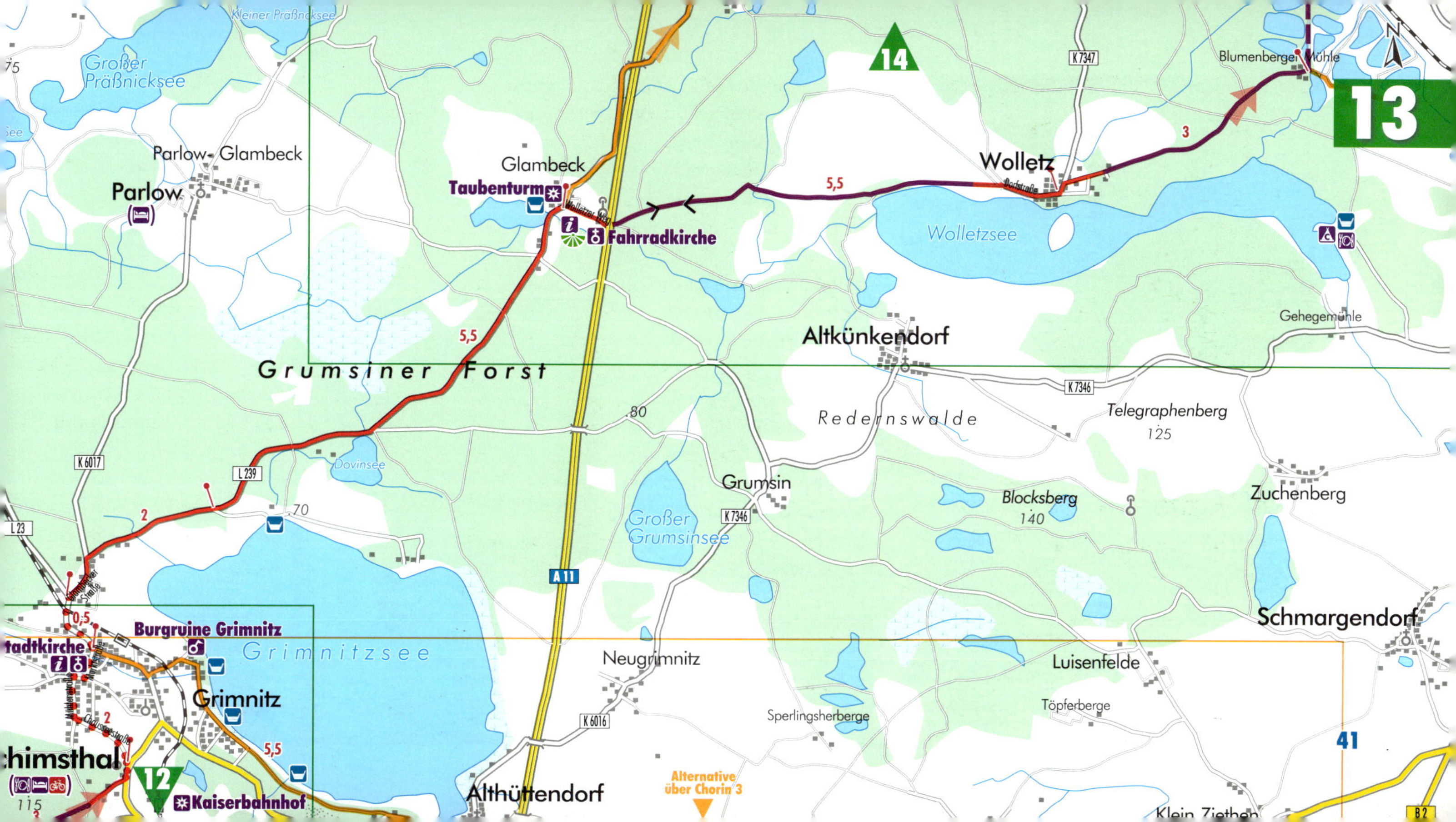

Großer Präßnicksee
Kleiner Präßnicksee
Parlow-Glambeck
Parlow
Glambeck
Taubenturm
Wolletzer Weg
Fahrradkirche
14
13
K 7347
Blumenberger Mühle
Wolletz
Dorfstraße
5,5
3
Wolletzsee
Gehegemühle
Altkünkendorf
K 7346
Grumsiner Forst
Redernswalde
Telegraphenberg
125
80
K 6017
L 239
Dovinsee
2
70
Grumsin
K 7346
Großer Grumsinsee
Blocksberg
140
Zuchenberg
L 23
A 11
0,5
Burgruine Grimnitz
Stadtkirche
Grimnitzsee
Grimnitz
Neugrimnitz
Luisenfelde
Schmargendorf
Töpferberge
Sperlingsherberge
K 6016
Joachimsthal
12
Kaiserbahnhof
115
Althüttendorf
Alternative über Chorin 3
41
Klein Ziethen
B 2

Steinhöfel

Von Glambeck zur Blumenberger Mühle 8,5 km

An der nächsten Kreuzung rechts abzweigen in den **Wolletzer Weg** ~ dieser geht über in einen Radweg ~ an den Pfosten vorbei, unter der Autobahn durch ~ geradeaus auf dem asphaltierten, leicht hügeligen Weg bleiben ~ Sie kommen am **Wolletzsee** vorbei in das Dorf **Wolletz**.

Wolletz

In Wolletz folgen Sie der **Dorfstraße** ~ dem Linksbogen der Straße folgen und anschließend gleich nach rechts abzweigen ~ Sie verlassen nun das Ortsgebiet und folgen dieser asphaltierten Straße ~ nach ungefähr 1,8 Kilometern folgt eine gut befahrbare Pflastersteinstraße ~ Sie kommen zur kleinen Siedlung Blumenberger Mühle.

Tipp: Eine Rast beim NABU-Erlebniszentrum lohnt sich. Man kann vieles über die heimische Natur erfahren, die Landschaft bestaunen und sich im Restaurant für die Weiterfahrt stärken. Wenn Sie dahin kommen wollen, dann biegen Sie bei den Fischteichen nicht ab, sondern bleiben auf dem Weg geradeaus. In der Nähe der Bahngleise werden Sie das Besucherzentrum und das Restaurant vorfinden.

NABU-Erlebniszentrum Blumberger Mühle

NABU–Erlebniszentrum Blumberger Mühle, Blumberger Mühle 2, Angermünde, ✆ 03331/26040, ÖZ: 1. April.-1. Nov. So-Fr 9-18 Uhr, Sa 9-19 Uhr, 2. Nov-31. März Mo-Fr nach Anmeldung, Sa/So 10-16 Uhr. Das Naturerlebniszentrum bietet zahlreiche interessante Angebote zum Thema Natur. Man kann von versteckten Aussichtsplätzen die seltenen Tierarten beobachten, bei der Fütterung von Fischottern dabei sein, eine Führung durch die ungewöhnliche Ausstellung bekommen, an Exkursionen ins Teichgebiet teilnehmen oder im hauseigenen Restaurant speisen.

Rathaus in Angermünde

Tipp: Vom NABU-Erlebniszentrum haben Sie die Möglichkeit zu einem Ausflug nach Angermünde. Die Stadt am Mündesee mit ihrer etwa 750jährigen Geschichte bietet zahlreiche historische Sehenswürdigkeiten. Die weitere Beschreibung der Hauptroute finden Sie auf S. 45.

Ausflug nach Angermünde 7,5 km

Sie fahren links an der Blumberger Mühle vorbei ~

14
15
13
Greiffenberg
Bruchhagen
Welsow
Neuhaus
Neuhof
Peetzig
Luisenthal
Poratzer Moränenlandschaft
Briesensee
Großer Peetzigsee
A 11
K 7305
Welse
Görlsdorfer Forst
Görlsdorf
Lenné-Landschaftspark
B 198
L 239
Redernswalde
95
K 7347
L 28
Fischteiche
Blumenberger Mühle
NABU Blumberger Mühle
Kerkow
50
7,5
4,5
3,5
4
2
3
5,5
Glambeck
Taubenturm
Fahrradkirche
Wolletz
Dorfstraße
Wolletzsee
Mündesee
Skulpturen-promenade
Rathaus
Marienkirche
43
Angermünde
Altkünkendorf
Gehegemühle
Grumsiner Forst
B 2

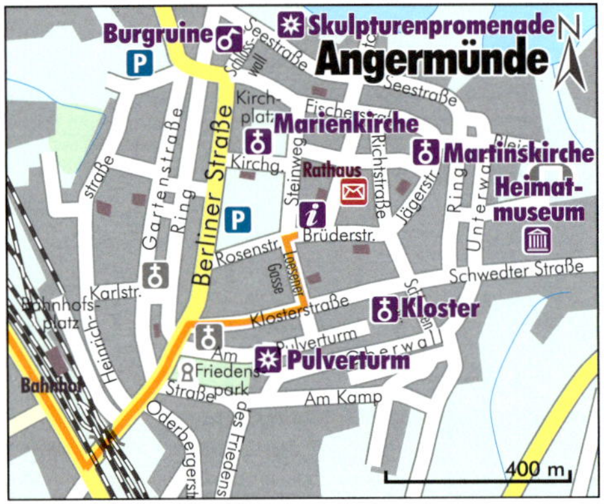

die Bahngleise kreuzen ~ an der Landesstraße nach rechts abzweigen ~ an der **B198** nach links ~ in **Kerkow** vor der Kirche nach rechts abzweigen ~ an der Landesstraße nach rechts ~ die Bahn kreuzen ~ nach ca. 500 Metern links abbiegen ~ am Ufer des Sees entlang ins Zentrum von Angermünde.

Angermünde

PLZ: 16278, Vorwahl: 03331

Tourismusverein Angermünde, Brüderstr. 20, ✆ 297660.

Ehm Welk Literaturmuseum, Puschkinallee 10, ✆ 33381, ÖZ: 1. Nov.-31. März Di-Fr 10-12 Uhr und 13-16 Uhr, So 13-16 Uhr, 1. April-31. Okt. Di-Fr 10-12 Uhr, Sa/So 13-17 Uhr, Feiertage 13-16 Uhr. Das Museum, das nach dem Ehrenbürger Ehm Welk, einem Schriftsteller, der über die Grenzen der Uckermark hinaus bekannt war, benannt ist, zeigt nicht nur ständig wechselnde Ausstellungen, sondern bietet auch Lesungen u. a. Veranstaltungen an.

Marienkirche, Kirchplatz. Die Kirche aus dem 13. Jh. mit ihrem über 50 Meter hohen Turm ist ein Wahrzeichen der Stadt.

Franziskaner-Klosterkirche, Klosterstraße. Die Klosterkirche ist das Einzige, das von dem mittelalterlichen Kloster erhalten geblieben ist.

Burgruine, Schlosswall. Unmittelbar am Mündesee stand einst die Angermünder Burg, wahrscheinlich aus dem ausgehenden 12. Jh. Heute sind nur noch wenige Teile der ehemaligen Burg erhalten geblieben.

Pulverturm und **Stadtmauer**, Ring. Der Pulverturm und einzelne Teile der ehemals 2,7 km langen und durchschnittlich 7 m hohen Stadtmauer zeugen vom einstigen Reichtum der Stadt.

Rathaus, Markt 24. Das barocke Rathaus mit klassizistischer

Landschaft bei Steinhöfel

Fassade wurde Mitte des 16. Jhs. erstmals erwähnt.

Skulpturengalerie „Steinzeit der Moderne", Mündeseepromenade. Seit Anfang der 1990er Jahre lädt der Bildhauer Joachim Karbe international bekannte Bildhauer ein, um Findlinge aus der Uckermark künstlerisch zu bearbeiten. Die dabei entstandenen Skulpturen werden an der Promenade am See ausgestellt.

Tierpark Angermünde, Puschkinallee12, ✆ 32143, ÖZ: 1. Apr.–31. Okt. 7-19 Uhr, 1. Nov.–31. März 7-16 Uhr. Auf dem 8 ha großen Areal mit altem Baumbestand leben 250 Tiere 45 verschiedener Arten.

Strandbad Wolletzsee, Am Wolletzsee, Angermünde, ✆ 03331/32431

Die Stadt aus dem 13. Jahrhundert spielte im Streit um die Uckermark zwischen den Pommern und den Brandenburgern eine zentrale Rolle. Obwohl die Stadt mit ihrer Lage an der Handelsstraße Magdeburg-Stettin eigentlich günstige Voraussetzungen hatte, blieb die wirtschaftliche Entwicklung eher gering. Vielmehr hatte sie wohl aufgrund ihrer territorialen Randlage eher Sicherungsfunktion. Nach dem Dreißigjährigen Krieg und den folgenden Pestepidemien – nur 150 der damals knapp 2000 Einwohner überlebten –, siedelten sich hier Hugenotten und Pfälzer an. Damit kam wieder Leben in die Stadt. Sehenswert ist vor allem die gut erhaltene Altstadt; von den ungefähr 340 Häusern gelten 90 als Einzeldenkmale. Doch nicht nur die historischen Sehenswürdigkeiten locken Besucher an, sondern auch die idyllische Lage am wunderschönen Mündesee.

Um wieder auf die Hauptroute zu kommen, fahren Sie die gleiche Strecke wieder zurück und am NABU-Besucherzentrum vorbei zu den Fischteichen.

Rastplatz in Warnitz

Von der Blumenberger Mühle nach Steinhöfel 9,5 km

Nach der kleinen Siedlung, der **Blumenberger Mühle,** links auf den Plattenweg durch dasNaturschutzgebiet Fischteiche ~ nach den Teichen folgt ein unbefestigter Weg ~ an den Bahngleisen die Vorfahrtsstraße kreuzen.

Tipp: Wenn Sie hier die Bahn überqueren, kommen Sie nach Görlsdorf.

Görlsdorf

PLZ: 16278, Vorwahl: 03331

Tourismusverein Angermünde e.V., Brüderstr. 20, ✆ 297660

Lenné-Park. Friedrich Wilhelm Graf von Redern beauftragte 1830 den Landschaftsgestalter J.P. Lenné in Görlsdorf einen Park anzulegen.

Dorfkirche (1804)

Sie fahren geradeaus in den unbefestigten Weg ~ an der nächsten Kreuzung weiter geradeaus in Richtung **Peetzig** ~ an der Vorfahrtsstraße links abzweigen ~ Sie sind jetzt in Peetzig.

Peetzig

An der nächsten Abzweigung nach rechts in Richtung Steinhöfel abbiegen ~ Sie folgen dieser leicht hügeligen Straße bis zur nächsten Vorfahrtsstraße ~ links abbiegen in die **Steinhöfler Straße**.

Steinhöfel

PLZ: 16278, Vorwahl: 03331

Tourismusverein Angermünde e.V., Brüderstr. 20, ✆ 297660

Kirche in Seehausen

Von Steinhöfel nach Warnitz 12,5 km

Durch das Dorf **Steinhöfel**, an der Kirche vorbei und in der Linkskurve am Ortsausgang nach rechts in die **Grundstückszufahrt Koppel 1** ~ dem kurzen zweispurigen Plattenweg, der dann in einen unbefestigten Weg übergeht, folgen ~ bei der Gabelung nach ca. 600 Metern links halten ~ ungefähr 500 Meter weiter beginnt der Forstweg ~ die Autobahn überqueren ~ fahren Sie geradeaus weiter ~ am Ortseingang auf die gut befahrbare Pflasterstraße ~ an der Vorfahrtsstraße, dem **Pfingstberger Damm**, nach links ~ nach der Kirche rechts in die **Dorfstraße** abzweigen.

Stegelitz

PLZ: 17268, Vorwahl: 039887

Tourismusverein Region Gerswal-

de e.V., Andrea Rätz, OT Berkenlatten 7, ✆ 5087

Dorfkirche, ✆ 227, ÖZ: nach Absprache. Feldsteinbau aus dem 13. Jh.

Sie fahren nach dem Ortsausgang nach links in den zweispurigen Waldweg.

Tipp: Sie können an dieser Stelle die Route ein wenig abkürzen, wenn Sie auf der L241 bleiben.

Die Vorfahrtsstraße kreuzen und in den Radweg abseits der Hauptstraße rechts einbiegen ~ nach ca. 800 Metern nach links auf den asphaltierten Weg Richtung Warnitz ~ an der Gabelung Asphalt/Plattenweg links halten und dem Plattenweg folgen ~ nach ungefähr 3 Kilometern erreichen Sie den Ort Warnitz.

Warnitz

PLZ: 17291, Vorwahl: 039863

Tourismusverein Uckerseen e.V., Lindenallee 27, ✆ 78122

Fahrgastschifffahrt Uckerseen, Poststr. 18b, ✆ 78251

Dorfkirche (1738)

Burgwallinsel im Oberuckersee

Aussichtsturm

Wallpfad Warnitz. Ein 70 Kilometer langer Wallpfad, der historische Orte miteinander verbindet.

Das etwas mehr als 800 Einwohner zählende Dorf am Oberuckersee, das 1332 als „Warlitze" zum ersten Mal urkundlich erwähnt wurde, war aufgrund seiner schönen Lage schon zu DDR-Zeiten ein beliebter Erholungsort. Nicht nur viele Betriebe hatten hier Erholungseinrichtungen, sondern auch das Ministerium für Bauwesen unterhielt ein Schulungszentrum. Diese Einrichtung wird heute als „Panoramahotel" privat betrieben und lädt zum Verweilen ein. In Warnitz, dem touristischen Zentrum des Oberuckersees, gibt es zahlreiche Möglichkeiten für Besucher; man kann im See baden, sich Boote, Wassertreter oder Kajaks ausleihen, mit dem Fahrgastschiff fahren oder den Wallpfad erkunden.

Tipp: Ab Warnitz haben Sie die Möglichkeit, mit der Fähre über den Ober- und Unteruckersee direkt nach Prenzlau zu fahren. Am Oberuckersee können Sie entweder in der Poststraße, im Ortsteil Quast oder beim Hotel Huberhof in Seehausen einsteigen. Die genauen Fährzeiten erfahren Sie bei

03984 18320 4789

der in den Ortsdaten von Warnitz und Prenzlau aufgeführten Reederei Fahrgastschifffahrt Uckerseen.

Von Warnitz nach Prenzlau 21,5 km

Der **Lindenallee** folgen, am Bahnhof und an der Touristinfo vorbei und links von den Gleisen der Bahnstrecke bleiben ~ im Ortsteil **Quast** die Bahn überqueren, ungefähr 500 Meter entlang der Bahn fahren und dann der asphaltierten Straße folgen.

Bei Potzlow

Tipp: Wenn Sie in Quast links abbiegen, kommen Sie zu einem schönen großen Rastplatz mit Badestelle direkt am Oberuckersee.

Am Krummen See vorbei ~ an der Vorfahrtsstraße links in Richtung Seehausen abzweigen ~ am Ortseingang die Bahn überqueren und der Dorfstraße bis zur Kirche folgen.

Seehausen

PLZ: 17291, Vorwahl: 039863

ℹ **Tourismusverein Uckerseen e.V.**, Lindenallee 27, ✆ 78122

Dorfkirche

In Seehausen stand einst ein Zisterzienser-Kloster von dem heute aber oberirdisch nichts mehr zu sehen ist. Bei Grabungen gefundene Stücke und Schriften wurden ins Prenzlauer Museum gebracht.

Nach der Kirche bleiben Sie auf der Vorfahrtsstraße und folgen dem Rechtsbogen

Tipp: Wenn Sie im Rechtsbogen der Vorfahrtsstraße geradeaus fahren, kommen Sie zu einer Halbinsel, wo früher das Zisterzienserkloster gestanden hat. Vom südlichsten Ufer der Halbinsel kann man den ganzen Oberuckersee überschauen und auch die Burgwallinsel erkennen.

Rastplatz am Unteruckersee

Burgwallinsel

Laut einer Sage soll auf dieser Insel vor langer Zeit ein Ritter namens Kurt gelebt haben, der mit seinem Pferd über das Wasser reiten konnte. Alle anderen, die versuchten, ihn nachzuahmen, scheiterten kläglich und versanken im See. Tatsächlich hat man bei archäologischen Grabungsarbeiten Reste einer Holzbrücke gefunden, die auf die Burgwallinsel hin und sogar auf der anderen Seite auch wieder aufs Festland führte. Dieser Verkehrsweg war wohl ein Vorläufer der späteren „via regia", die über Prenzlau verlief.

Sie bleiben auf dieser leicht hügeligen Kreisstraße nach dem Ortseingang von Potzlow nach rechts in den Weg **Grüner Gang**, an der Kirche vorbei und nachher links abbiegen rechts abzweigen auf den **Mittelweg**.

Tipp: Sie können von der Seehausener Chaussee über den Mittelweg auch direkt zur Kirche kommen, und somit die beiden schlecht befahrbaren Wege (Grüner Gang, Kirchgasse) umfahren.

Potzlow

PLZ: 17291, Vorwahl: 039863

Tourismusverein Uckerseen e.V., Lindenallee 27, 78122

Dorfkirche (15. Jh.), ÖZ: tägl. von Mai-Sept.

Roland, Marktplatz. Die hölzerne Figur ist das Sinnbild der ehemaligen Marktstadt. Der alte Roland ist im Kirchturm zu finden.

1239 wurde das Dorf Potzlow erstmals in einer Urkunde erwähnt und 1288 zur Stadt erhoben. Bereits 17 Jahre später erhielt die Stadt das Marktrecht und auch den steinernen Roland, den jede Marktstadt bekam.

Der Potzlower Roland

Über diesen Roland erzählten sich die Einwohner der Stadt folgende Sage: Da Prenzlau nun nicht mehr die alleinige Marktstadt in dieser Gegend war und man den Neid der Prenzlauer ahnte, wurde der steinerne Roland tagsüber bewacht. Die Prenzlauer sollen sich aber nachts herangeschlichen, den Roland gestohlen und in der Nähe der Stadt Potzlow vergraben haben. Sie hofften damit, die Potzlower in Ihrer Ehre als Marktstadt gekränkt zu haben. 1871 wurden bei Ausgrabungen Reste eines steinernen Roland gefunden, die dieses Gerücht eventuell bestätigen.

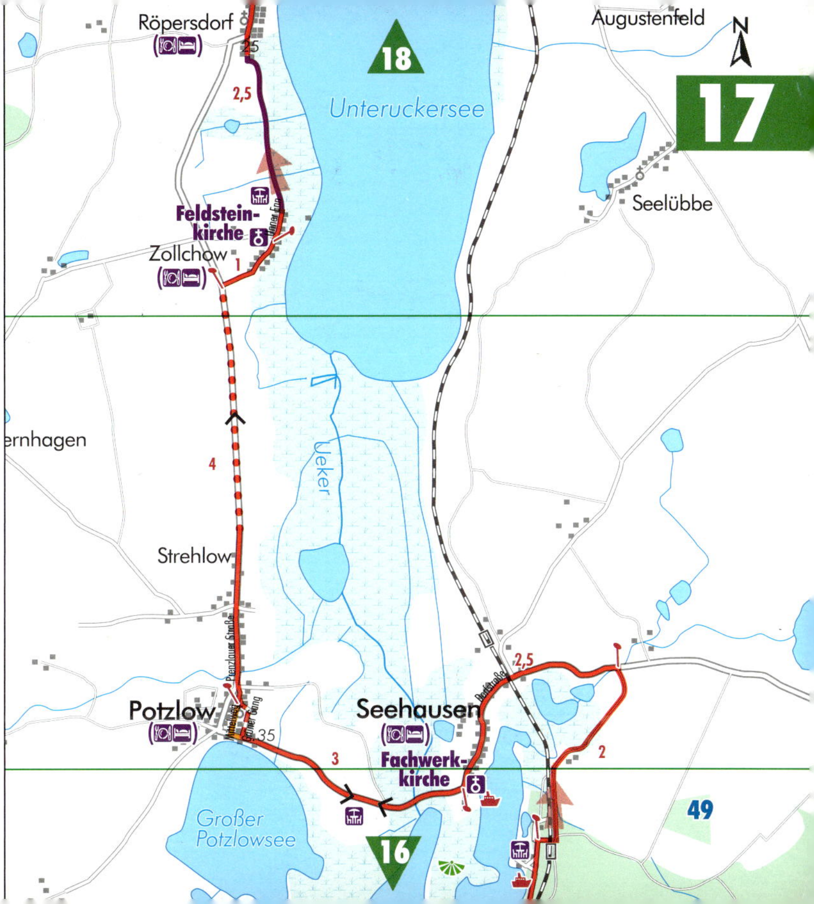

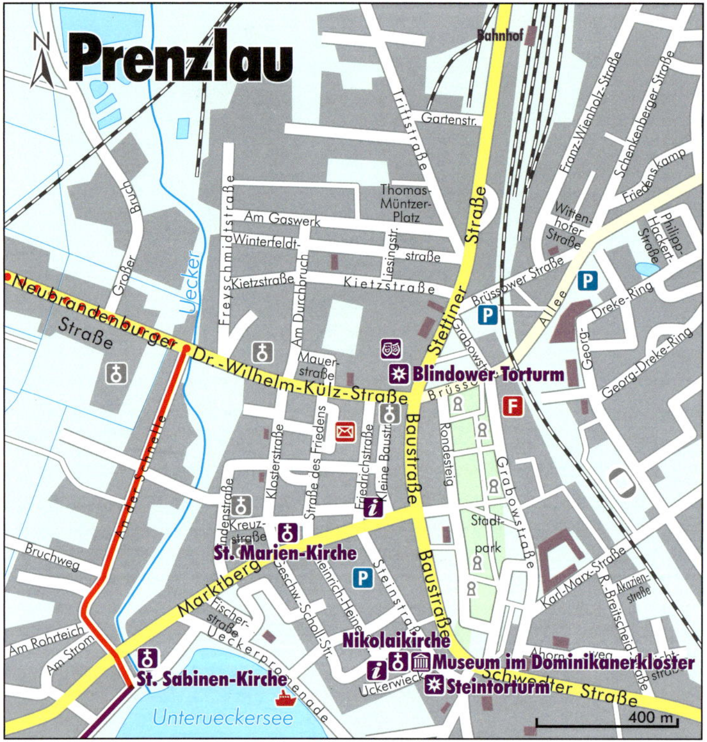

Rechts in die Vorfahrtsstraße, die **Prenzlauer Straße** ~ durch **Strehlow** fahren ~ nach ca. 3 Kilometern rechts in **Richtung Zollchow** abzweigen.

Zollchow

PLZ: 17291, Vorwahl: 03984

Tourismusverein Uckerseen e.V., Lindenallee 27, ✆ 039863/78122

Feldsteinkirche

Sie fahren durch **Zollchow** ~ an der Kirche im Linksbogen der Vorfahrtsstraße rechts in die **Unner Enn** abzweigen ~ nach ca. 1,5 Kilometern kommt der Ortseingang von Röpersdorf ~ rechts in die Vorfahrtsstraße und an der Kirche vorbei.

Röpersdorf

PLZ: 17291, Vorwahl: 03984

Tourismusverein Uckerseen e.V., Lindenallee 27, ✆ 039863/78122

Dorfkirche (14. Jh.). Ursprünglich war sie eine frühgotische Feldsteinkirche, gegen Ende des 19. Jhs. wurde ein neogotischer Glockenturm und ein Windfang angebaut.

Das Gebiet um Röpersdorf war schon in der Steinzeit besiedelt. Dies beweisen Funde von steinzeitlichen Ruhestätten. Im 11. Jahrhundert wurde das Dorf von dem Askanier Ruprecht gegründet. Im 14. Jahrhundert wurden Höfe im Ort von Klöstern in der Umgebung gekauft und bald erhielt der Ort auch seine eigene Pfarrkirche.

Am Ortsausgang biegen Sie rechts in Richtung **Anlegestelle des Fahrgastschiffes** ab ~ im Rechtsknick der Straße links auf den Radweg abzweigen ~ dieser asphaltierte Weg führt entlang des Unteruckersees an schönen Raststellen am Ufer vorbei bis nach Prenzlau ~ am Ende des Radweges geradeaus weiter ~ rechts abbiegen in den Rad- und

Prenzlau

Fußgängerweg mit den roten Platten an der **Uckerpromenade** ~ an der Sabinenkirche vorbei geradeaus. Hier am Ufer des Unteruckersees haben Sie nun Prenzlau, die erste Etappe Ihrer Radtour, erreicht.

Prenzlau

PLZ: 17291, Vorwahl: 03984.

- **Stadtinformation**, Friedrichstr. 2, ✆ 83 39 52
- **Fahrgastschifffahrt Uckerseen**, Uckerpromenade 44, ✆ 832089.
- **Dominikanerkloster**, Kulturzentrum und Museum, Uckerwiek 813, ✆ 752241, ÖZ: Di-So 10-17 Uhr. Neben dem Museum sind im Kloster auch das Stadtarchiv, die Stadtbibliothek, der Klosterladen und Veranstaltungsräume beherbergt.
- **Marienkirche** (13. Jh.), Am Marktberg, Informationen bei der Stadtinformation. Sie gilt als die größte Kirche der Uckermark und als das bedeutenste Bauwerk der norddeutschen Backsteingotik.
- **Blindower Torturm** (13. Jh.), Stettiner Straße.
- **Steintorturm** (1306), Am Steintor.
- **Stadtmauer.** Es lohnt sich, entlang der Stadtmauer zu spazieren. Östlich der Mauer am Park entlang kann man noch andere Teile der Befestigungsanlage sehen, den Pulverturm, den Seilerund den Hexenturm.
- **Prenzlauer Stadtpark.**
- **Ökostation Prenzlau**, Am Scharfrichtersee 2a, ✆ 806000, ÖZ: Mo-Fr 8-15 Uhr, Sa, So 10-18 Uhr Ende April-Anfang Okt.

Sabinenkirche in Prenzlau

Ein ca. 10 ha großes Freigelände mit Themengärten, Haustierpark und Phantasielandschaften bieten Bildungs- und Entdeckunsmöglichkeiten für Jung und Alt.

Seebad, Uckerpromenade 46, ✆ 2004

Murawski, Stettiner Str. 5, ✆ 802424

Fahrradverleih in der Gaststätte „Zur Fischerstraße", Uckerpromenade 15, ✆ 2614

Spuren aus der jüngeren Steinzeit beweisen, dass das Gebiet des heutigen Prenzlau damals schon besiedelt war. Ab dem 7. Jahrhundert zogen slawische Stämme hierher. In den darauffolgenden 500 Jahren entwickelte sich das Gebiet zu einem zentralen Siedlungs- und Burgkomplex. Doch nicht nur slawische sondern auch niederdeutsche Siedler kamen in diese Gegend, legten aber eigenständige Siedlungen an. Die einzelnen Kirchen der Stadt zeigen heute noch, wo die Zentren der verschiedenen Siedlungen waren. 1234 erhielt Prenzlau vom Pommernherzog Barnim I. das Stadtrecht, doch schon wenige Jahre später musste Barnim I. die Uckermark an die Brandenburger abgeben. Doch erst als der letzte Askanier 1319 in Prenzlau starb, konnten sich die Pommern wieder durchsetzen. Die Stadt konnte von der wechselnden Herrschaft profitieren, denn sie erhielt viele Privilegien und es entwickelte sich reger Handel, der über die Ucker bis an die Ostsee reichte. Deshalb wurde aus Prenzlau im 13. und 14. Jahrhundert die wichtigste Stadt in der Uckermark, die in engem Kontakt mit den Hansestädten stand. Schon zu Beginn des 15. Jahrhunderts hatte man unter der brandenburgischen Herrschaft zu leiden – ein Teil der Oberschicht versuchte sogar, Prenzlau wieder in die Hände der Pommern zu bringen –, aber vor allem der Dreißigjährige Krieg brachte große Zerstörungen und den Niedergang mit sich. Erst gegen Ende des 17. und Anfang des 18. Jahrhunderts verbesserte sich die wirtschaftliche Situation. Da Prenzlau schon seit dem ausgehenden 17. Jahrhundert eine Garnisonsstadt war, und während des Nationalsozialismus zum Luftwaffenstützpunkt ausgebaut wurde, galt sie als Hauptangriffsziel von Bombenangriffen. 85 Prozent der Stadt wurden zerstört. Zu DDR-Zeiten waren vor allem jene Betriebe wirtschaftlich bedeutsam, die die Produkte der Landwirtschaft verarbeiteten wie zum Beispiel die Zuckerfabrik, die Getreidemühle oder der Uckermärkische Milchhof. Etwas später sind aber auch neue Produktionsstätten entstanden wie beispielsweise das Armaturenwerk. Die schöne Stadt am malerischen Unteruckersee zieht heute immer mehr Touristen an, denn zum einen gibt es zahlreiche historische Sehenswürdigkeiten, die man besuchen kann, zum anderen kann man sich am See oder im reizvollen Umland erholen und die Natur erkunden.

Von Prenzlau nach Anklam

110,5 km

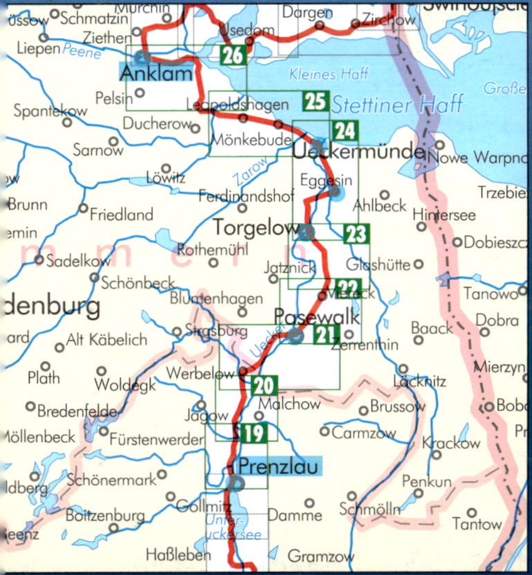

Sie verlassen Prenzlau und durchqueren auf einsamen Straßen an ursprünglichen kleinen Dörfern vorbei die malerische Uckermark. In Pasewalk können Sie die vielen historischen Gebäude betrachten, in Torgelow das Mittelalterzentrum besuchen oder eine Rast an der Uecker einlegen. Entscheiden Sie sich, ob Sie Ihre Tour vom Hafen von Ueckermünde mit der Fähre abkürzen und gleich nach Usedom übersetzen, oder der Küste des Stettiner Haffs folgen und vorbei an einladenden Badeorten wie Mönkebude zur Hansestadt Anklam weiterfahren.

Im zweiten Abschnitt des Radfernweges Berlin-Usedom fahren Sie vor allem auf wenig befahrenen Nebenstraßen oder straßenbegleitenden Radwegen. Es kommen dabei etwas holprige Plattenwege genauso vor wie neu asphaltierte Strecken, der Großteil der Strecke hat allerdings eine gut befahrbare Oberfläche.

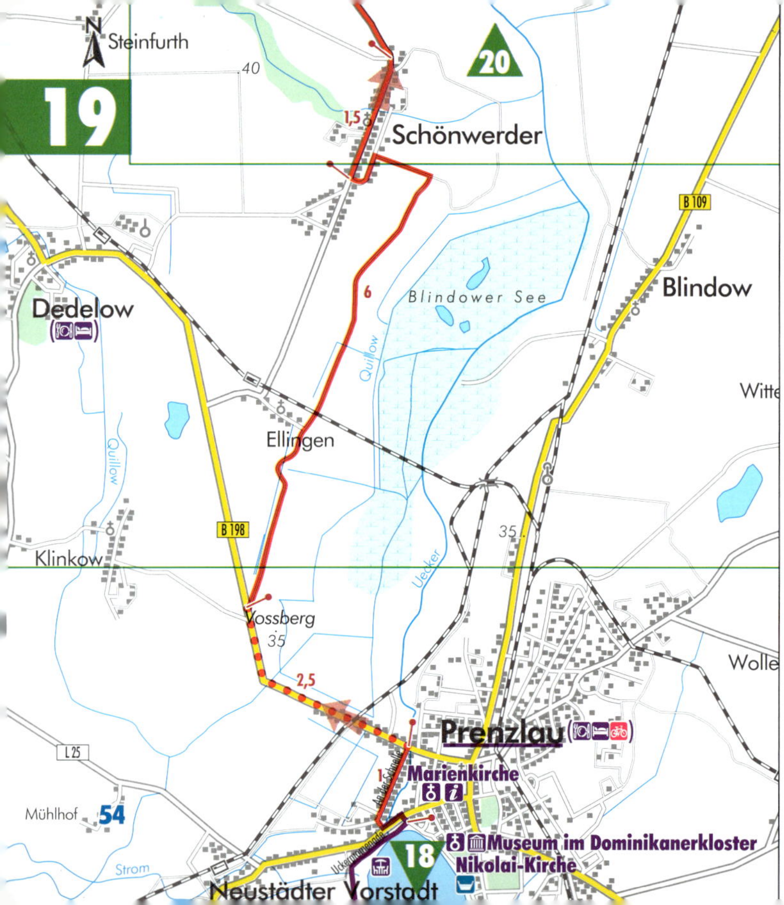

Von Prenzlau nach Pasewalk — *36,5 km*

Der Uckerpromenade folgen bis zur **B109** ~ die **B109** überqueren und nach links abzweigen ~ nach rechts in die Straße **An der Schnelle** ~ an der Bundesstraße links abbiegen ~ nach dem Rechtsbogen der Straße an der Kreuzung rechts in den zweispurigen Plattenweg abbiegen.

Ellingen

Sie bleiben auf dem Plattenweg und kommen rechts an Ellingen vorbei ~ an der nächsten T-Kreuzung biegen Sie links ab in Richtung Schönwerder ~ an der nächsten T-Kreuzung im Ort links abzweigen ~ dem Rechtsbogen der Straße fol-

Bei Schönwerder

gen ~ rechts in die Vorfahrtsstraße.

Schönwerder

An der Kirche vorbei durch den Ort ~ dem Linksbogen der Straße am Ortsausgang folgen ~ nach ca. 4 Kilometern erreichen Sie Bandelow.

Bandelow

PLZ: 17337, Vorwahl: 039745

- **Uckermärkischer Verkehrsverein Prenzlau e.V.**, Prenzlau, Friedrichstr. 2, ✆ 03984/833952
- **Dorfkirche.** Die Kirche wurde im 13. Jh. gebaut, doch bald schon brannte sie ab. Erst Ende des 19. Jhs. wurde sie wieder errichtet.

✲ **Bauernkäserei Wolters**, ✆ 039740/20572. Hofladen und Möglichkeit zur Besichtigung.

Im Zentrum des Dorfes liegt ein Dorfteich. Das Besondere an diesem ist seine Zweiteilung, eine Art Damm mit einer Allee aus Pappeln teilt ihn in zwei Hälften.

Sie fahren durch den Ort, kommen an den Teichen vorbei ~ am Ortsende weiterhin auf der **L258** bis Trebenow bleiben.

Trebenow

Südwestlich von Trebenow liegt das Köhntoptal, eine Sumpf- und Flussniederung. Bis 1965 fanden die Bauern hier Schwemmsand zum Ausbau der Straße. Diesen Sand verwendeten sie früher für die Böden in ihren Häusern. Außerdem wurde nicht weit entfernt auch Lehm für den Haus- und Ofenbau gewonnen.

Sie folgen dem Rechtsbogen der Straße an der Kirche ~ nach rechts abbiegen in Richtung Werbelow und der **L257** folgen ~ vor dem Ortseingang Werbelow rechts abzweigen in Richtung Nechlin ~ nach dem Ortseingang Nechlin folgen Sie dem Rechtsbogen der Vorfahrtsstraße.

Nechlin

PLZ: 17337, Vorwahl: 039745

Tourismus Marketing Uckermark GmbH, Grabowstr. 6, ✆ 03984/835883

Dorfkirche.

Schloss Nechlin.

1314 wurde der Ort, der inmitten von weiten Feldern und Wiesen liegt, zum ersten Mal urkundlich erwähnt. Die Kirche, die ursprünglich ein mittelalterlicher Feldsteinbau war, wurde im Dreißigjährigenkrieg und später noch einmal durch einen Brand schwer beschädigt, doch in den 1720er Jahren wieder aufgebaut und dabei grundlegend verändert. Das ehemalige Schloss ist sehr baufällig, wenn es nicht saniert wird, dann droht es einzustürzen. Nechlin hat als einzi-

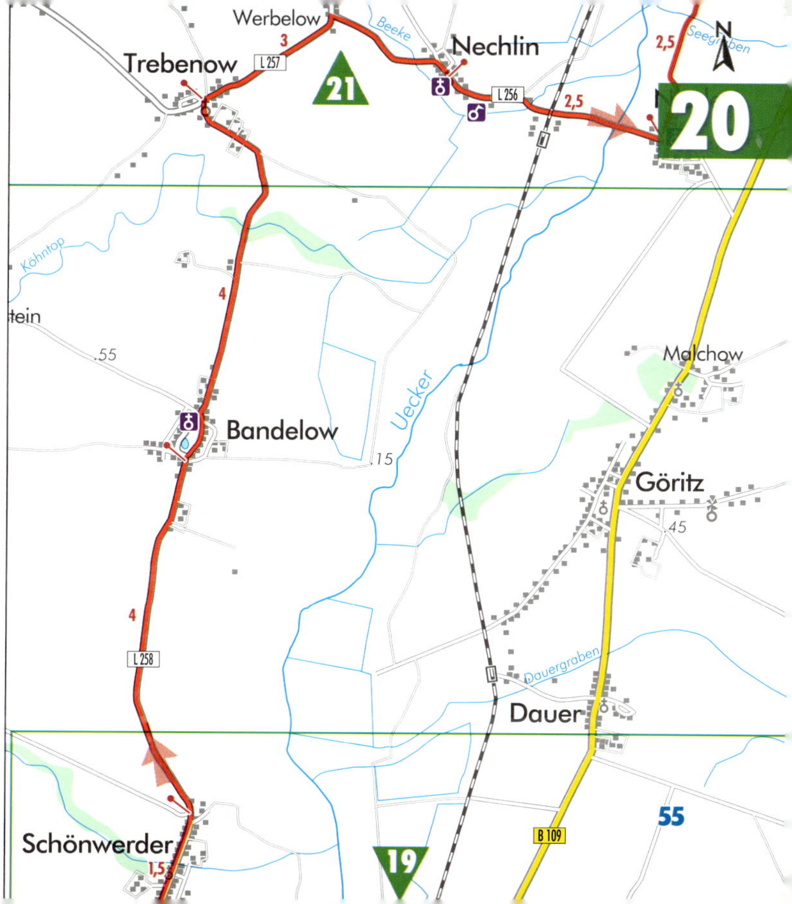

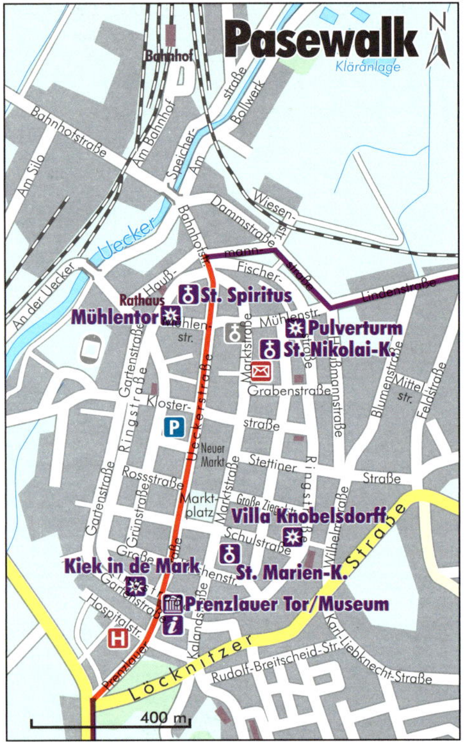

ger Ortsteil der Gemeinde Uckerland einen Bahnhof.

An der Kirche vorbei ~ rechts an den Windrädern vorbei, die Bahngleise überqueren und der Straße bis ins Zentrum von Nieden folgen.

Nieden

PLZ: 17309, Vorwahl: 039740

Stadtinformation Pasewalk, Prenzlauer Str. 23a, ☎ 03973/213995

Dorfkirche

Vor der Kirche nach links ~ nach ungefähr 2,5 Kilometern erreichen Sie Schmarsow.

Schmarsow

Durch den Ort und rechts an der Kirche vorbei ~ an der Straßengabelung am Ortsausgang links halten und in den unbefestigten Weg fahren ~ vor der Autobahn rechts abbiegen auf einen unbefestigten Weg ~ über die Autobahn ~ an der **B109** nach links auf den Radweg ~ nach ca. 500 Metern erreichen Sie das Zentrum von Rollwitz.

Rollwitz

An der Bundesstraße nach links und auf den Radweg neben der Straße ~ beim Krankenhaus im Ortsteil Ruhleben für eine kurze Strecke auf einer wenig befahrenen Straße weiter ~ der Radweg wird kurz darauf fortgeführt ~ nach dem Krankenhaus entweder dem unbefestigten Weg im Bürgerpark folgen oder auf dem Radweg entlang der Bundesstraße weiterfahren ~ an der nächsten Bundesstraßenkreuzung die **Löcknitzer Straße** überqueren ~ geradeaus weiter in die **Prenzlauer Straße** ~ durch das Prenzlauer Tor und geradeaus weiter.

Pasewalk

PLZ: 17309; Vorwahl: 03973

Stadtinformation, Prenzlauer Str. 23a, ☎ 213995, 251232

Prenzlauer Tor/Museum, Prenzlauer Str. 23a, ☎ 433182; ÖZ: Mo, Fr 9-12 Uhr und 13-16 Uhr, Di, Do 9-12 Uhr und 13-17 Uhr, Mi 9-12 Uhr, Sa 10-12, Mai-Sept. So 14-17 Uhr. Der Backsteinbau aus dem 15. Jh. ist mit einem Nebengebäude im Fachwerkstil verbunden und beherbergt das Stadtmuseum mit vier verschiedenen Ausstellungsbereichen: Ur- und Frühgeschichte, Garnisons- und Stadtgeschichte, Künstlergedenkstätte Paul Holz, Galerie.

Feuerwehrmuseum , Torgelower Str. 33, ☎ 443462 oder 441727; ÖZ: April-Okt. So 13-18 Uhr.

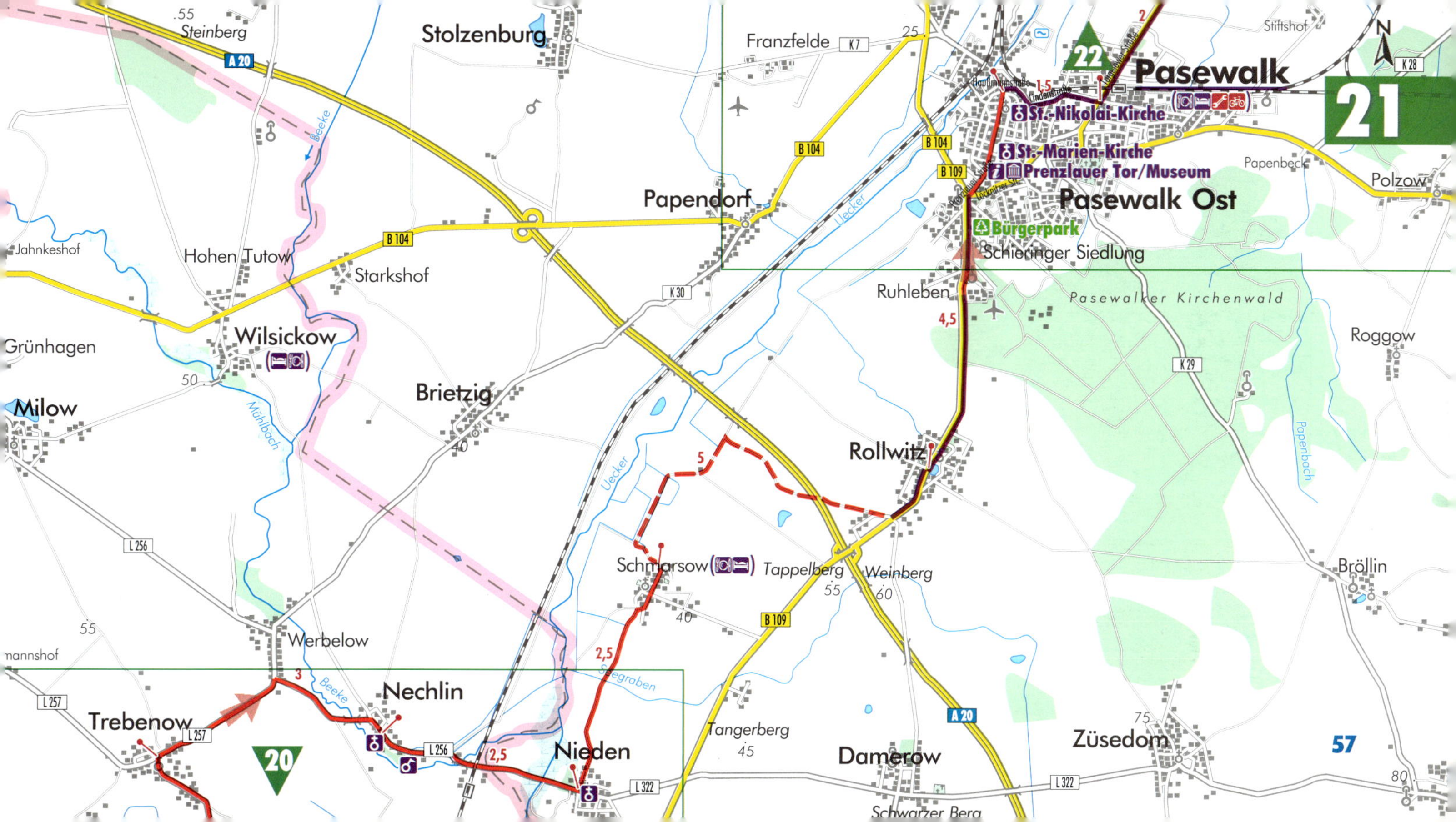
Steinberg
Stolzenburg
A 20
Franzfelde
K 7
Stiftshof
K 28
22
Pasewalk
21
St.-Nikolai-Kirche
St.-Marien-Kirche
Prenzlauer Tor/Museum
Papenbeck
Polzow
B 104
B 109
Beeke
Papendorf
Pasewalk Ost
Bürgerpark
Ucker
Jahnkeshof
Hohen Tutow
Starkshof
Schieringer Siedlung
Ruhleben
K 30
Pasewalker Kirchenwald
4,5
Grünhagen
Wilsickow
Roggow
K 29
Milow
Brietzig
Mühlbach
Papenbach
Rollwitz
5
L 256
Schmarsow
Tappelberg
Weinberg
Bröllin
Werbelow
2,5
3
Seegraben
Nechlin
L 257
Trebenow
20
Nieden
Tangerberg
Damerow
Züsedom
L 322
Schwarzer Berg
1,5

St.-Marien-Kirche (14. Jh.), Kalandstr. Die dreischiffige Hallenkirche wurde im Verlauf ihrer Geschichte immer wieder zerstört und wieder aufgebaut. 1984 stürzte der Kirchturm ein, bis 1994 dauerte seine Sanierung. 1999 wurden die Außenarbeiten abgeschlossen, die Arbeiten im Inneren dauern noch an, aber es werden Führungen und auch klassische Konzerte angeboten. Neben der Kirche steht ein Steinkreuz, das sogenannte Mordkreuz aus dem 14. Jh.

St.-Nikolai-Kirche (13. Jh.), Marktstr. Die Kreuzkirche ist die älteste Stadtkirche in Pasewalk. Der Renaissanceturm aus dem 17. Jh. wurde 1945 zerstört und anschließend abgetragen.

Ringmauer, Ringstraße. Einst war die Mauer fast 2500 Meter lang und durchschnittlich 4 Meter hoch, heute sind nur noch Teile erhalten.

Pulverturm, Mühlenstraße. Der Turm ist Teil der mittelalterlichen Befestigungsanlage.

Pasewalk - Prenzlauer Tor

Kiek in de Mark, Ringstraße. Dieser Turm ist das Wahrzeichen der Stadt.

Mühlentor, Mühlenstraße. Das Tor ist ebenfalls Teil der mittelalterlichen Befestigungsanlage.

Villa Knobelsdorff, Ringstraße.

Kürassierkaserne, An der Kürassierkaserne. Der Komplex wurde 1879/82 erbaut und zuerst von den Kürassier-Regimenten genutzt, anschließend bis 1991 vom Militär, heute ist es der Sitz des Landkreises Uecker-Randow.

Eisenbahnerlebniszentrum Lokschuppen, Speicherstr. 14, ✆ 216326; ÖZ: Mo-Fr 10-15 Uhr und Mai-Okt auch jeden 1. und 3. Sa.

Bürgerpark, Prenzlauer Chaussee, schöner Park mit Goldfischteich und Tuffsteingrotte.

Lindenbad, Am Lindenbad 1, ✆ 441673.

Kalinowski, Bahnhofstr. 39, ✆ 210598

Hotel Pasewalk, Dargitzer Str. 26, ✆ 2220

Bereits um 700 war das Gebiet des heutigen Pasewalk slawisch besiedelt. Der Name der Stadt stammt wahrscheinlich von „Pozdewolk", was soviel wie „Ring des Wolfes" bedeutet. In der Mitte des 13. Jahrhunderts wurde Pasewalk nach Kämpfen mit den Dänen brandenburgisch und erhielt das Stadtrecht. Seither durchlebte die Stadt eine wechselvolle Geschichte mit ständig wechselnden Herrscherhäusern. Im 15. Jahrhundert ging sie in den Besitz der Pommernherzöge über, seit 1720 ist sie preußisch. 1721 wurde sie zur Garnisonsstadt und blieb es auch bis 1991.

Von Pasewalk nach Torgelow — 18 km

An der **Haußmannstraße** rechts abzweigen ~ nach links in die **Lindenstraße** ~ links in Richtung Gewerbegebiet in die **Torgelower Straße** abbiegen ~ die Bahn überqueren und dem Radweg auf der rechten Straßenseite folgen ~ ab **Friedberg** gibt es für ca. 2,5 Kilometer keinen Radweg ~ die Route verläuft über die stark befahrene Landesstraße.

Tipp: Sie können den Streckenabschnitt auf der stark befahrenen Straße umfahren. Die Umfahrung führt allerdings auf meist sandigen Wegen entlang.

Biegen Sie rechts ab nach Friedberg und folgen Sie dem Linksbogen des asphaltierten Weges ~ nach ca. 1,5 Kilometern zweigen Sie links ab ~ bleiben Sie auf dem Weg bis Sie am Gehege vorbei nach Viereck kommen.

Nach ungefähr 2 Kilometern auf der Hauptstraße rechts nach **Viereck** abzweigen.

Viereck

PLZ: 17309, Vorwahl: 039748

Stadtinformation Pasewalk, Prenzlauer Str. 23a, 03973/213995

katholische Kirche.

Der Ort Viereck wurde erst vor ungefähr 250 Jahren gegründet; Einwanderer aus der Pfalz siedelten sich hier an. Besonders die katholische Kirche und die Häuser aus der Gründerzeit sind sehenswert.

Sie fahren auf der Kopfsteinpflasterstraße durch den Ort ~ an der Vorfahrtsstraße rechts abbiegen und dem Radweg folgen ~ für die nächsten 10 Kilometer bleiben Sie auf dem straßenbegleitenden Radweg bis Torgelow.

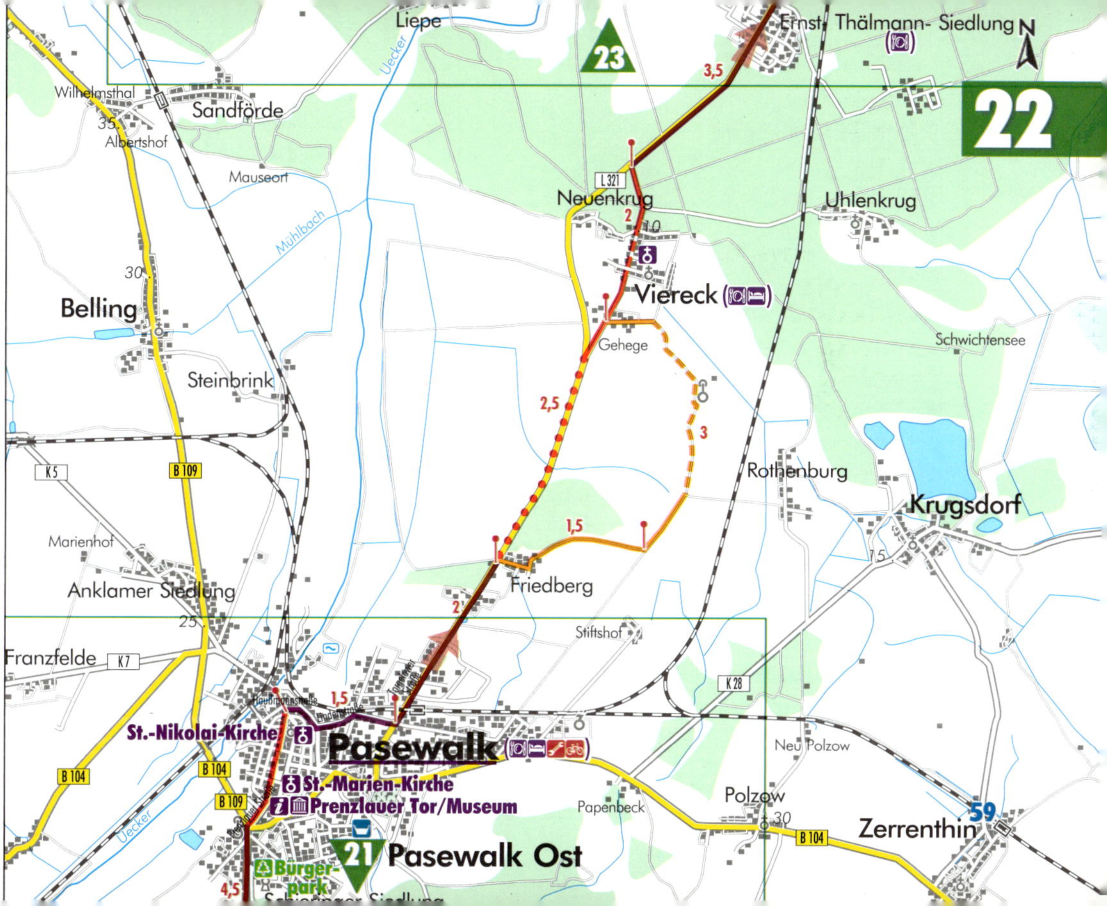

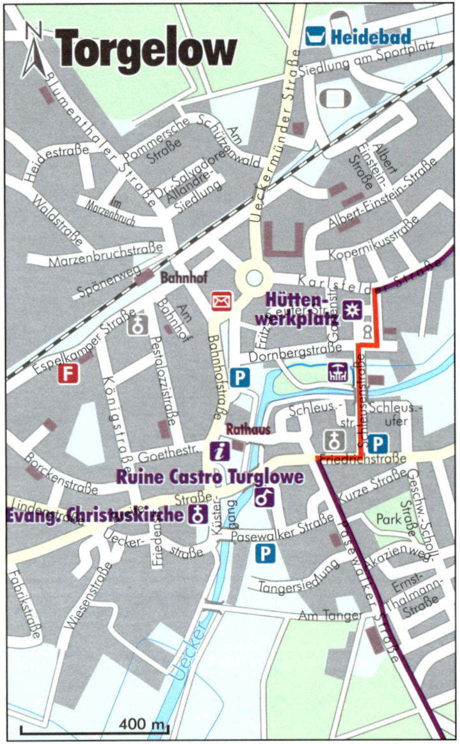

Torgelow

PLZ: 17358, Vorwahl: 03976

Stadtinformation, Bahnhofstr. 2, ✆ 252154.

Schlossruine, Friedrichstraße. 1281 wurde das „Castrum Turglowe" zum ersten Mal urkundlich erwähnt. Es stand im Mittelpunkt des Siedlungsgebietes der wendischen Ukranen. Da es im 30-Jährigen Krieg zerstört wurde, sind heute nur noch Überreste zu sehen.

Evangelische Christuskirche. Das neugotische Bauwerk wurde 1884 eingeweiht. Im Inneren kann man den Taufstein der alten Kirche von 1660 sehen.

Ukranenland, Jatznicker Str. 31, ✆ 202397. Im nachgestellten Ukranendorf kann man mehr über den damaligen Alltag und das Leben der Ukranen erfahren. Neben den museumspädagogischen Angeboten wird u.a. auch eine historische Flussfahrt mit den nachgebauten Schiffen angeboten.

Hüttenwerkplatz. 1754 ließ Friedrich II. den ersten vorpommerschen Hochofen bauen, um den Raseneisenstein zu verhütten. In diesem industrie-archäologischen Zentrum gibt es außerdem die Ueckerschleuse, die Ueckerinsel, den Glockenstuhl und die ehemaligen Wohnhäuser zu sehen.

Naturlehrpfad „Kaisereichen". Wegbeschreibung: über die Anklamer Straße, Rudolf-Diesel-Straße in Richtung Wald. Im Sommer 2000 initiierte das Forstamt ein Künstlerpleinair, bei

Torgelow

dem der Umgang mit Naturmaterialien thematisiert wurde. Seither gibt es entlang des Lehrpfades auch Skulpturen zu sehen.

Heidebad, Siedlung am Sportplatz 15, ✆ 202660.

Knaack - Handel & Service, Eggesiner Str. 9a, ✆ 202161

Paddel & Pedal, Ferdinandstr. 3, ✆ 0175/4027812

Der Name Torgelow kommt aus dem Slawischen und bedeutet einfach Handelsplatz. Archäologische Funde weisen auf eine slawische Besiedlung um die erste Jahrtausendwende hin. Der Ort entstand an einer der schmalsten Flussübergänge und bot somit ideale Voraussetzungen für den Handel. Vom 13. bis zum 15.

Jahrhundert lag die Vogtei an der nördlichen Grenze des Kurfürstentumes Brandenburg und war somit immer Streitpunkt landesfürstlicher Besitzverhältnisse, doch schließlich wurde das Gebiet Ende des 15. Jahrhunderts dem Herzogtum Pommern angeschlossen. Im Dreißigjährigen Krieg wurde die Stadt völlig zerstört, die Menschen flohen und das Gebiet wurde Schweden zugesprochen. Finnen und Livländer siedelten sich hier an. Am Ende des Nordischen Krieges 1720 ging das Gebiet an Preußen. Bald darauf wurde der preußische Staat auf das Raseneisenerz aufmerksam und somit begann die Zeit Torgelows als Industriestandort. Es wurde das Königlich-Preußische Eisenhüttenwerk bey Torgelow errichtet und die Industrie blühte schnell auf: Insgesamt entstanden bis zum Ende des 19. Jahrhunderts 14 Eisengießereien. Dadurch stieg auch die Bevölkerungszahl ständig, was dazu führte, dass Torgelow 1945 das Stadtrecht erhielt. Heute zählt die Stadt knapp 11000 Einwohner. Bekannt wurde die Garnisonsstadt durch die umliegenden Kasernen und Truppenübungsplätze.

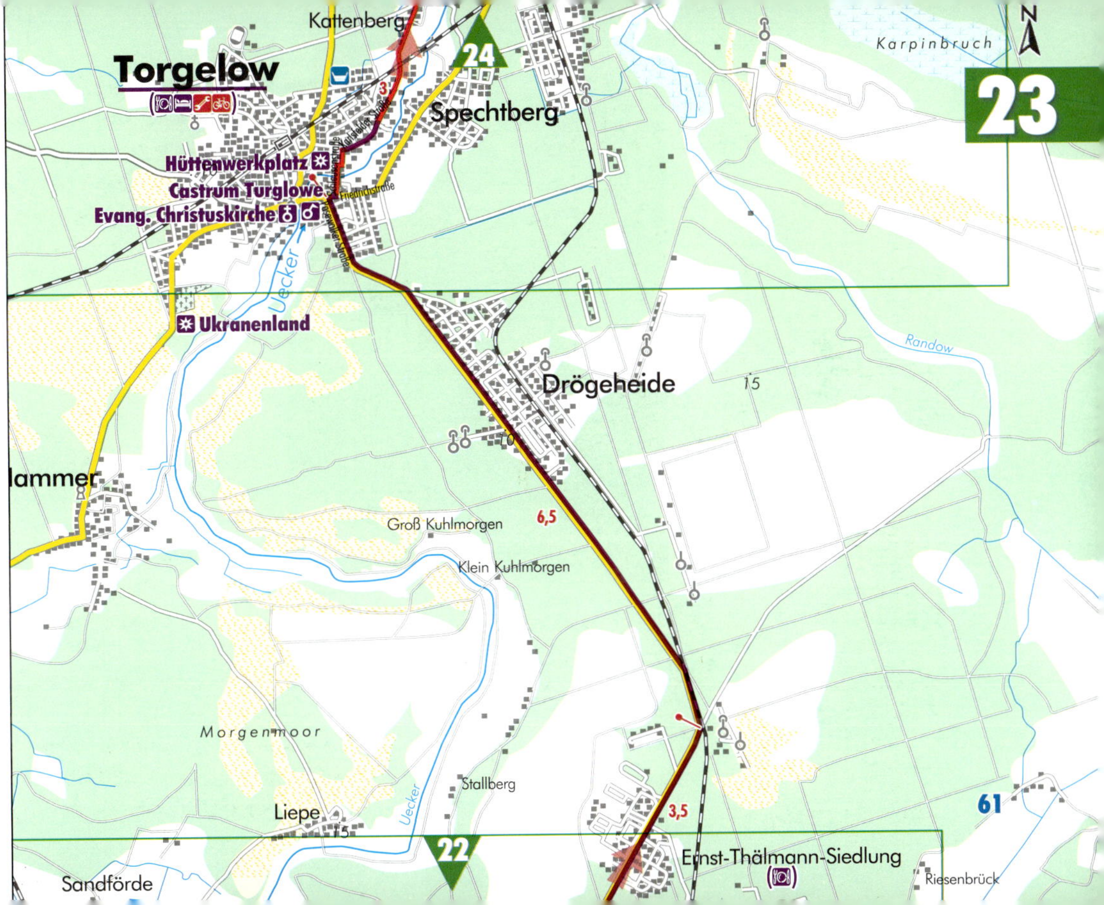

Seit den 1990er Jahren wurde in Torgelow mehr Wert darauf gelegt, neue Attraktionen zu errichten wie zum Beispiel das sehenswerte Ukranenland oder das Heidebad, um einerseits der einheimischen Bevölkerung mehr Möglichkeiten zu bieten, andererseits aber auch, um für Touristen interessanter zu werden.

Torgelow-Holländerei

Von Torgelow nach Eggesin 10 km

Von der **Pasewalker Straße** nach rechts in die **Friedrichstraße** ~ links in die **Schleusenstraße** ~ die **Uecker** beim Haus an der Schleuse überqueren.

Tipp: Auf der linken Seite liegt in einem Park ein Rastplatz, der zu einer Pause einlädt.

Nach rechts abzweigen ~ dem Linksbogen der Straße folgen ~ rechts abzweigen in die **Karlsfelder Straße** ~ links halten, wiederum in die **Karlsfelder Straße** ~ das Bahngleis überqueren und auf dieser asphaltierten Straße, die durch einen tiefen ruhigen Wald führt, bleiben ~ an der nächsten Weggabelung rechts halten ~ nach der Ortstafel **Torgelow Holländerei** kommen Sie an den ersten Häusern vorbei und folgen dem Bogen der Straße ~ an der Vorfahrtsstraße rechts abbiegen ~ bei der nächsten Kreuzung beginnt der Radweg ~ nach dem Rechtsknick der Straße wechselt der Radweg auf die linke Straßenseite ~ die **Uecker** überqueren ~ nach dem Ortseingang wechselt der Radweg auf die rechte Straßenseite ~ dem Rechtsknick der Straße folgen ~ an der nächsten Kreuzung

Torgelow-Holländerei

links in Richtung Ueckermünde abzweigen ~ die **Randow** und die Bahngleise überqueren ~ an der nächsten Gabelung links halten in Richtung **Ueckermünde** und dem Linksknick der Vorfahrtsstraße folgen.

Eggesin

PLZ: 17367, Vorwahl: 039779

Stadtinformation, Hans-Fischer-Str. 21, ✆ 26413

Heimatstube, Bahnhofstr.4, ✆ 20822, ÖZ: Di und Sa 15-17 Uhr. Ausstellung zur Geschichte des Ortes.

Armeemuseum, Bahnhofstr. 4, ✆ 20822, ÖZ: Di und Sa 15-17 Uhr und nach Vereinbarung. In einer Zeitdokumentation ab 1945 bis zur Gegenwart werden die Entwicklung und

24
25
23
Grambin
Ueckermünde
Schloss
Ueckerstraße
Neuendorf
Berndshof
Uecker
Rosenmühl
Tierpark Ueckermünde
Liepgarten
Starkenloch
Hoppenwalde
St. Marien-Kirche
Torgelow-Holänderei
Ueckermünder Heide
Armeemuseum Heimatstube
Naturlehrpfad Eggesiner See
Martin-Luther-Kirche
MOVE
Eggesin
Gumnitz Hof
Wohnsiedlung Karpin
Eggesiner Teerofen
Klein Gumnitz
Spechtberg
Torgelow
Hüttenwerkplatz
Casimum Turglowe
Evang. Christuskirche
Randow
L 31
L 28
L 32
K 12
K 13
6,5
3,5
3,5
3
3
1

das Dasein der NVA und der Bundeswehr präsentiert.

- **Martin-Luther-Kirche,** Stettiner Str. 83. Die Kirche im neugotischen Stil wurde 1910/11 erbaut.
- **Naturlehrpfad** um den Eggesiner See. Der 11,5 Kilometer lange Rundwanderweg beginnt am „Haus der Geborgenheit". Entlang des Weges kann man seltene Pflanzen, herrliche Buchen-, Eichen- und Kiefernmischbestände und den besonderen Artenreichtum der Tierwelt entdecken.
- **Sport- und Erholungszentrum MOVE**, Stettiner Str. 46c, ✆ 2970
- **Zweiradhandel Lenz**, Stettiner Straße, ✆ 20407 (auch 🚲)

Im Jahr 1216 wurde die Ortschaft Eggesin zum ersten Mal urkundlich erwähnt, Herzog Bogislav schenkte Eggesin dem Kloster Grobe auf Usedom. Jahrhunderte lang war das Leben in Eggesin von der Holz- und Ziegelindustrie sowie von der Kahnschifferei geprägt. Die Heimatstube zeigt Stücke aus der damaligen Zeit. Anfang der 1950er Jahre entwickelte sich Eggesin zur Garnisonsstadt; das Garnisonsleben wird Ihnen im Armeemuseum näher gebracht. In den letzten Jahren wurde Eggesin zu einer attraktiven Kleinstadt im Grünen.

Von Eggesin nach Ueckermünde 6,5 km

Sie bleiben für die nächsten 6 Kilometer auf der **Ueckermünder Straße**, kommen an Hoppenwalde vorbei ~ links abbiegen in die **Ueckerstraße** ~ Sie überqueren die **Uecker** und kommen an der Ecke **Ueckerstraße/Bergstraße** zur Einbahnstraße im Zentrum.

Tipp: Sie können Ihre Radroute am Hafen von Ueckermünde abkürzen und direkt mit der Fähre nach Usedom/Kamminke fahren. Sie ersparen sich so 82,5 Kilometer. Die Reederei Peters (Altes Bollwerk 2, 17373 Ueckermünde, Tel. 039771/22426, www.reederei-peters.de) bietet fast täglich zwei Überfahrten an: Abfahrten Mo, Di, Do, Sa, So um 8.10 Uhr und 15.10 Uhr, Mi 8.10 Uhr und 15.30 Uhr.

Eggesin

Mit der Fähre nach Usedom

Kamminke

PLZ: 17419; Vorwahl: 038376

- Golm, ca. 800 m nördlich des Ortes. Der Golm ist mit 69 m die höchste Erhebung auf der Insel Usedom. In dem Naturschutzgebiet gibt es außerdem auch einen bronzezeitlichen **Burg-**

wall und eine **Kriegsgräber-Gedenkstätte** zu sehen.

Die Route hierzu und die weitere Routenführung finden Sie auf Karte 29.

Vom Hafen in Kamminke fahren Sie nach links in die Bergstraße ~ dann nochmal nach links in den Radweg nach Garz.

Ueckermünde

PLZ: 17373; Vorwahl: 039771

Touristinformation, Ueckerstr. 96, ✆ 28484, www.ueckermuende.de

Reederei Peters, Altes Bollwerk 2, ✆ 22426, www.reederei-peters.de, Fährzeiten Ueckermünde-Kamminke: Abfahrt Mo, Di, Do, Sa, So um 8.10 Uhr und 15.10 Uhr, Mi 8.10 Uhr und 15.30 Uhr.

Schiffstouren, Telefonnummern der Reedereien können Sie in der Touristik-Information erfragen.

Haffmuseum im Schloss, ÖZ: Di 9-12 Uhr und 13-17 Uhr, Mi-Do 9-12 Uhr und 13-16 Uhr, Fr 9-12 Uhr und 13-15 Uhr, Sa 13-16 Uhr, So 10-12 Uhr und 13-16 Uhr; in den Monaten Okt.-April entfallen die Wochenendöffnungszeiten. Hier kann man die Geschichte der Einwohner im Laufe der Zeit verfolgen. Außerdem kann man auch Modelle des Schlosses aus früheren Zeiten und Szenen aus dem 30-jährigen Krieg betrachten.

Pommersches Herzogsschloss. Das Schloss stammt aus dem Besitz der pommerschen Herzöge. Es ist das letzte erhaltene Schloss dieser Art auf deutschem Boden. Heute befinden sich in dem Schloss das Rathaus und das Haffmuseum.

Die **Ueckermünder Heide** lädt zu ausgiebigen Ausflügen auf 1062 km ausgeschilderten Radwegen und 443 km Wanderwegen in unberührter Natur ein. 1993 wurde die Odermündung zur „Landschaft des Jahres" gewählt.

Tierpark Ueckermünde, Chausseestr. 76, ✆ 5494-0 o. 5494-10, ÖZ: April-Juni u. Sept.-Okt. 10-18 Uhr, Juli-Aug. 10-19 Uhr u. Nov.-März 10-15 Uhr. Im Tierpark, der mittlerweile auf sein 40-jähriges Bestehen zurückblicken kann, befinden sich über 400 Tiere in 100 Arten. Die Gehege sind naturnah gestaltet, einige können sogar von den Besuchern betreten werden.

Hafen von Ueckermünde

MTM Rund ums Fahrrad, Ueckerstr. 122, ✆ 59844

Die Stadt Ueckermünde kann mittlerweile auf eine 740-jährige, bisweilen sehr spannende, Geschichte zurückblicken. Die vielen Backsteinhäuser weisen darauf hin, dass die Ziegelindustrie sehr bedeutend für die Einwohner der Ortschaft war. Die erste urkundliche Erwähnung Ueckermündes geht auf das Jahr 1178 zurück. 1260 entstand hier

Marktplatz in Ueckermünde

ein Kloster und außerdem erlangte man das Stadtrecht. Im Jahre 1468 konnte der Ort einer Belagerung der Brandenburger standhalten, allerdings wurde er 1473 durch einen Blitz in Schutt und Asche gelegt. 1624 forderte die Pest viele Opfer. 1631 fiel der nächste Schicksalsschlag über die Stadt her. Ein Feuer zerstörte 40 Häuser, unter anderen auch das Rathaus. Alle alten Dokumente und Urkunden, die von der Entstehung der Stadt zeugen, sind vernichtet worden. 1639 gab es nur noch 10 bewohnbare Häuser.

Die Haupterwerbsquelle der Stadt war über Jahrhunderte die Fischerei. Ueckermünde blieb Hafen und Festung. Zu Beginn des 19. Jahrhunderts waren mehrere größere Werften in Ueckermünde angesiedelt. Allein 102 hochseetüchtige Segelschiffe wurden hier in den Jahren 1781-95 vom Stapel gelassen.

Im 19. und 20. Jahrhundert kam es durch Kahnschifffahrt, Ziegel- und Eisenindustrie zu einem industriellen Aufschwung. Im Jahre 2001 wurde Ueckermünde zum staatlich anerkannten Erholungsort ernannt.

Tipp: In Ueckermünde endet auch der beliebte Radfernweg Oder-Neiße-Radweg. Genauere Informationen dazu finden Sie im ***bikeline*-Radtourenbuch Oder-Neiße-Radweg**.

Von Ueckermünde nach Anklam 39,5 km

Der **Ueckerstraße** durch das Zentrum von Ueckermünde folgen ~ an der nächsten großen Kreuzung weiter geradeaus.

Tipp: An dieser Stelle treffen Sie auf den Mecklenburgischen Seenradweg. Genauere Informationen dazu finden Sie im ***bikeline*-Radtourenbuch Mecklenburgischer Seenradweg**.

Fahren Sie geradeaus auf den straßenbegleitenden Radweg der L31 Richtung Mönkebude ~ ab dem Rechtsbogen der Vorfahrtsstraße beginnt zur Linken ein Rad- und Fußweg ~ dieser führt bis nach Grambin.

Grambin

PLZ: 17375; Vorwahl: 039774

Haff-Hotel, Dorfstr. 67, ✆ 20392

Die erste urkundliche Erwähnung der Ortschaft Grambin geht auf das Jahre 1451 zurück. Von 1637 bis 1657 befand sich die Ortschaft unter schwedischer Herkunft. Nach dem Dreißigjährigen Krieg nahm der Handel

Stettiner Haff

25
26
24
Stettiner Haff
Bugewitz
Bugewitz I
Grünberg
Leopoldshagen
Hoheheide
Bahnhofstr.
Mörkerhorst
Mühlgraben
Kreuzgraben
Haffbruch
Mönkebude
Alte Dorfstr.
Am Mühlenberg
Kamighaken
L 31
Anklamer Stadtforst
Hohe Heide
Heidemühle
Brandshof
Ducherower Wald
Mützenbruch
Ueckermünder Heide
Grambin
Ueckerhaken
Zarow
Zarowmühl
Kamigkrug
Uecker
Ueckermünde
Neuhof
Neuendorf
Schloss
Floßgraben
Ueckerstraße
L 28
Osttorfkanal
2
2,5
4,5
4,5
3
67

Mönkebude

neben der Fischerei und der Landwirtschaft einen immer größeren Stellenwert ein. Vom Floßgraben über die Zarow wurde Holz geflößt und in Grambin verladen. Später entstand an der Zarow sogar eine Schiffswerft. Heute ist Grambin auf Grund seiner günstigen Lage am Stettiner Haff ein beliebter Urlaubsort geworden.

Auf einer Radlerbrücke über den Fluss **Zarow** ~ in der Rechtskurve geradeaus in den Dorfkern ~ hier rechts wieder zur Hauptstraße zurück und auf dieser links weiter ~ vor Mönkebude wechselt der Radweg die Straßenseite ~ der Weg entfernt sich von der Straße ~ asphaltiert führt er nun nach Mönkebude ~ geradeaus auf dem rot-gepflasterten Weg **Am Mühlenberg** ~ weiter auf der **Haffstraße** ~ an der Touristikinformation vorbei ~ am Ende der Straße nach links ~ vorbei am Strandpark Mönkebude, ✆ 20204.

Tipp: Hier rechts kommen Sie zum Yachtafen und zum idyllischen Badestrand von Mönkebude, der ideale Ort für eine kleine Rast.

Tipp: Am Hafen von Mönkebude haben Sie die Möglichkeit, Ihre Radtour abzukürzen und direkt entweder mit einem historischen Zeesboot (Alwin Harder ✆ 0172/3125388) oder mit dem Wassertaxi (✆ 0173/9111017) nach Usedom zu fahren.

Mönkebude

PLZ: 17375; Vorwahl: 039774

Rapsfeld in Vorpommern

Touristikinformation, Am Kamp 13, ✆ 20323

„Fischerstube"-Heimatmuseum, ✆ 20323, ÖZ: Di, Do, Sa 14-16 Uhr u. n. V.

St. Petri-Kirche

Strandhalle. Durch ihre idyllische Lage am Strand gehört die Strandhalle zu einem der Anziehungspunkte des Dorfes.

Touristikinformation

Die idyllische Gemeinde Mönkebude kann auf eine mehr als 750-jährige Geschichte zurückblicken. Sie hat sich vom Fischer- und Schifferdorf zu einem beliebten Bade- und Erholungsort entwickelt.

Nach links in die **Alte Dorfstraße** ~ im Linksbogen an die Vorfahrtsstraße ~ diese geradeaus überqueren ~ links vorbei an der weißen Kirche ~ geradeaus in den Wald hinein auf dem unbefestigten Forstweg und gleich wieder rechts in den schmalen Pfad ~ dieser führt zur Straße hin ~ nun immer in

Hafen in Anklam

der Nähe der **L 31** auf dem Kiesweg bis nach Leopoldshagen.

Leopoldshagen

PLZ: 17375; Vorwahl: 039774

Fachwerkkirche. Die Fachwerkkirche wurde in der Mitte des 18. Jhs. erbaut. Besonders sehenswert an der Kirche ist der spätbarocke Kanzelalter. Die Kirche würde in der Mitte der einzigen Straße stehen, wenn diese sich nicht vor der Kirche gabeln würde. Nach der Kirche vereint sich die Straße wieder, somit wird für die Kirche eine kleine Insel geschaffen.

Heimatstube Leopoldshagen, Dorfstr. 15, ✆ 20908, ÖZ: nur n. V. Die Heimatstube gibt Zeugnis von der 250-jährigen Geschichte der Ortschaft. Besonders beschäftigt sie sich mit den Themen Landwirtschaft, Fischerei und einigen Handwerken im Laufe der Zeit.

Die Ortschaft wurde von 1748-1749 auf königlichen Befehl Friedrichs II. als Kolonie gegründet. Seinen Namen erhielt der Ort zu Ehren des Fürsten Leopold Moritz von Anhalt-Dessau. Leopoldshagen ist ein typisches Angerdorf. Die ungewöhnlich breite Hauptstraße war als preußische Handelsstraße konzipiert.

Hinter den Häusern an der Ortschaft entlang ~ wieder auf Asphalt und geradeaus weiter auf der **Bahnhofstraße** ~ der befestigte Weg endet und hier links halten auf den unbefestigten Weg ~ wieder links an der Gabelung in den Wald hinein ~ ein Rechtsschwenk und nun geradeaus durch den Wald bis **Hoheheide** ~ hier rechts bis an die Vorfahrtsstraße ~ an dieser links ~ zur Rechten gibt es einen unbefestigten Weg neben der Straße ~ vorbei an einem Rastplatz ~ in der Linkskurve der Straße rechts abbiegen auf die Pflasterstraße Richtung Bugewitz ~ zur Rechten weiterhin der Kiesweg, um der Pflasterstraße auszuweichen.

Anklam - Steintor

Bugewitz I

An der Vorfahrtsstraße rechts ~ wieder auf holprigem Pflaster ~ über eine Brücke und nun auf einem Betonplattenweg direkt auf Bugewitz zu ~ an der Vorfahrtsstraße geradeaus.

Bugewitz

In Bugewitz rechts Richtung Anklamer Fähre ~ an der Gabelung vor der Kirche links halten ~ über eine Brücke und weiter auf einer schmalen Asphaltstraße ~ es geht am Wasser entlang ~ vorbei an einem Rastplatz mit Aussichtsturm ~ geradeaus auf dem Radweg Richtung Anklam und Usedom ~ der Weg ist nicht asphaltiert und führt an der Rosenhager Beck entlang ~ der Weg wird schmäler ~ an der Kreuzung mit der Straße Richtung Kamp geradeaus weiter, um die Absperrung herum

Tipp: Von Kamp können Sie die Route um etwa 34 Kilometer abkürzen und mit der Fähre nach Karnin übersetzen. Die Personenfährverbindung von Fährmann Christof Reimann (Wasserwanderrastplatz Kamp, Tel. 0177/2834504) verkehrt von Mai bis 31. Sept. tägl. von 11-17 Uhr.

Bei **Anklamer Fähre** mündet der Radweg in eine Asphaltstraße ~ hier links ~ auf der Hauptroute an der folgenden T-Kreuzung

Anklam - St. Nikolai

rechts ~ dem etwas holprigen Spurplattenweg durch die Felder folgen ~ vor dem nächsten Ort, Gnevezin, rechts in einen Betonplattenweg einbiegen ~ nun dem Wegverlauf folgen und nach etwa 4 Kilometern tauchen die ersten Häuser von Anklam auf.

Nach der starken Linkskurve beginnt zur Rechten ein Radweg ~ an der Vorfahrtsstraße rechts weiter auf dem Radweg und über das Fließ ~ über die Bahn und weiter bis an die B109 ~ rechts halten auf dem straßenbegleitenden Radweg ~ vorbei am Steintor und zu Beginn des Rathausplatzes rechts in die **Peenstraße** einbiegen, an der Kirche vorbei.

Anklam

PLZ: 17389; Vorwahl: 03971

Touristinformation, Markt 3, ✆ 835154, www.anklam.de

Otto-Lilienthal-Musem, Ellbogenstr. 1, ✆ 245500, ÖZ: Juni-Sept. tägl. 10-17 Uhr, Nov.-April Mi-Fr 11-15.30 Uhr, So 14-17 Uhr, Mai/Okt. Di-Fr 10-17 Uhr, Sa/So 14-17 Uhr. In dem Museum kann man den Beginn des Menschenfluges und Otto Lilienthals Visionen verfolgen.

Museum für Regional- und Stadtgeschichte im Steinertor, Schulstr. 1, ✆ 245503, ÖZ: Mai-Sept., Di-Fr 10-17 Uhr, Sa-So 14-17 Uhr, Okt.-April, Di-Fr 10-16 Uhr, So 14-17 Uhr. Dieses Heimatmuseum ist das älteste in ganz Vorpommern, seine Entstehungsgeschichte geht bis in das 19. Jh. zurück.

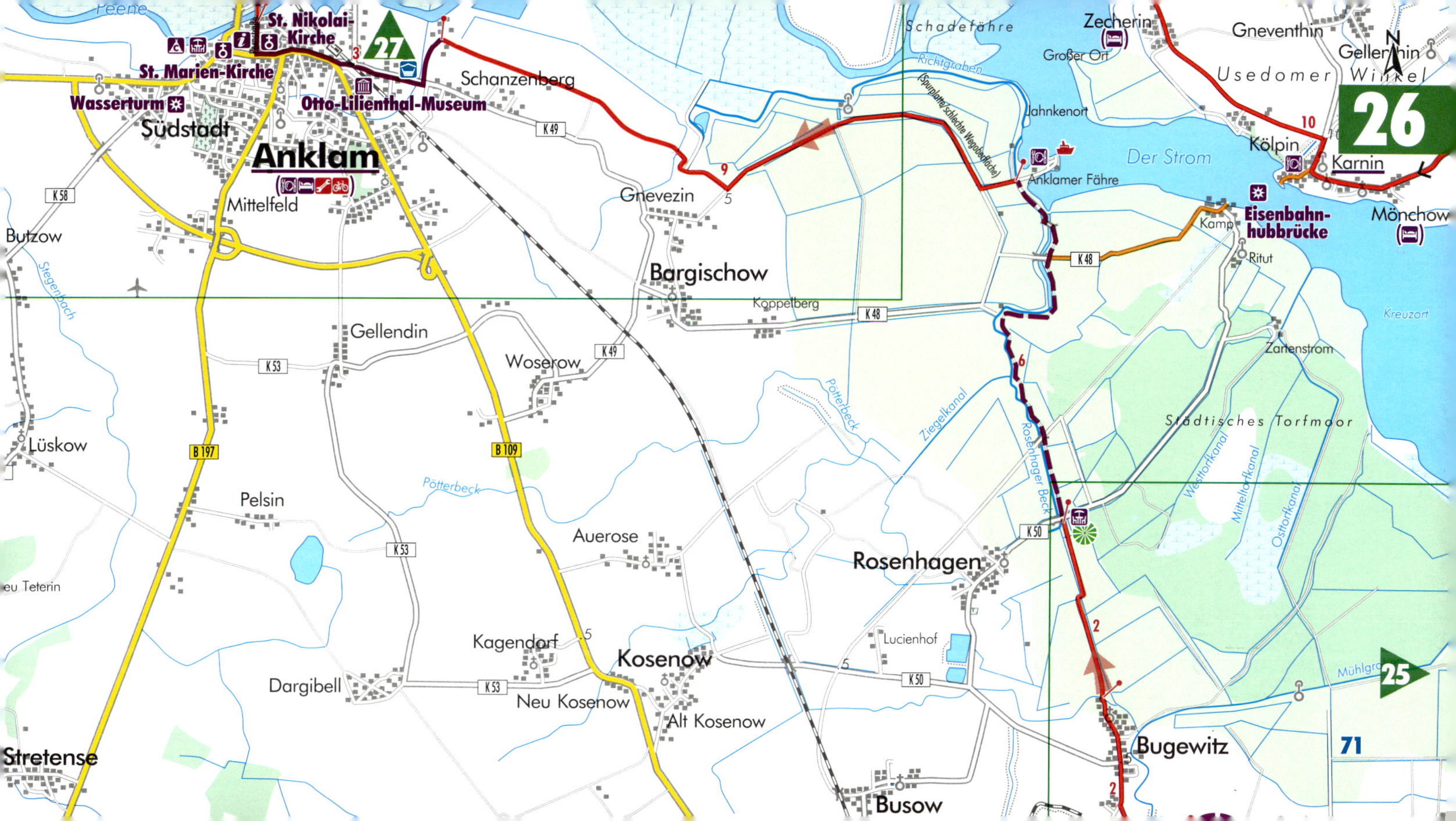
Peene
St. Nikolai-Kirche
27
St. Marien-Kirche
Wasserturm
Otto-Lilienthal-Museum
Südstadt
Anklam
Mittelfeld
Schanzenberg
K 49
K 58
Butzow
Stegenbach
Gnevezin
Bargischow
Koppelberg
K 48
Gellendin
K 53
Woserow
Lüskow
B 197
B 109
Pelsin
Pötterbeck
Auerose
eu Teterin
Kagendorf
Dargibell
Kosenow
Neu Kosenow
Alt Kosenow
Stretense
Busow
Lucienhof
K 50
Rosenhagen
Rosenhagen Beck
Ziegelkanal
Bugewitz
Schadefähre
Richtgraben
(Spurplatte/schlechte Wegoberfläche)
Zecherin
Großer Ort
Jahnkenort
Anklamer Fähre
Der Strom
Kamp
Eisenbahn-hubbrücke
Ritut
Kölpin
Karnin
Gneventhin
Gellenthin
Usedomer Winkel
Mönchow
26
Kreuzort
Zartenstrom
Städtisches Torfmoor
Westtorfkanal
Mitteltorfkanal
Osttorfkanal
Mühlgr
25
9
10
6
2

Neben Sammlungen zur Stadtgeschichte kann man unter anderem auch die Pommernbibliothek und Bilder bedeutender vorpommerscher Maler sehen.

St. Nikolai. Die Kirche ist zu Ehren des Heiligen der Seefahrer, Fischer und Handelsleute im Jahre 1280 errichtet worden.

St. Marien-Kirche, Mitte des 13. Jhs. erbaut.

Theater Anklam, Leipziger Allee 32, ✆ 208925

Das gotische Giebelhaus, Frauenstraße. Die erstmalige urkundliche Erwähnung dieses Hauses geht auf das Jahr 1406 zurück.

Das Steintor. Das aus dem 13. Jh. stammende Tor gehört zu den schönsten Deutschlands, außerdem ist es das einzige, das von der mittelalterlichen Befestigungsanlage Anklam übrig geblieben ist.

Anklam

Pulverturm. Dieser Turm aus dem 15. Jh. wurde nicht nur zur Verteidigung verwendet, sondern auch als Gefangenenturm genutzt.

Wasserturm, Spantekower Landstraße.

Schwimmhalle Anklam

Zweirad-Stoll, Friedländer Str. 9, ✆ 210615, auch

Fahrradvermietung Pepernau, Pasewalker Allee 25, ✆ 210550

Urkundlich erwähnt wurde die Ortschaft Anklam zum ersten Mal im Jahre 1243. 1283 trat der Ort dem Hansebund bei und entwickelte sich dadurch schnell zu einer blühenden Stadt. Auch die günstige Lage an dem Fluss Peene half dem Ort durch Handel zu Reichtum zu kommen. Allerdings hatte der Fluss nicht nur positiven Einfluss auf die Entwicklung der Stadt, er trug auch wesentlich zu ihrem Niedergang bei. Nach dem Dreißigjährigen Krieg wurde die Stadt abwechselnd von Truppen des Kaisers und der Schweden besetzt. In der Folgezeit war Anklam zunächst schwedisch, es blieb dann 100 Jahre geteilt, bis es 1815 schließlich ganz zu Preußen kam. Etwas mehr als 30 Jahre später wurde der wohl berühmteste Sohn der Stadt

Anklam - gotisches Giebelhaus

geboren, Otto Lilienthal, dem mit seinen vogelähnlichen Fluggeräten die ersten sicheren Gleitflüge gelangen. Mit seiner Methode „Vom Sprung zum Flug“, die von vielen Flugpionieren in aller Welt übernommen wurde, wurde der Beginn des Zeitalters des Menschenfluges markiert. Gegen Ende des 19. Jahrhunderts nahm

Lilienthal die erste Serienfertigung eines seiner Fluggeräte auf. Er erreichte mit verschiedenen Konstruktionen eine Flugweite von bis zu 250 Metern. 1896 verletzte sich der Flugpionier bei einem Flugversuch in den Stöllner Bergen in Brandenburg so schwer, dass er zwei Tage später den Verletzungen erlag. Im Museum sind einige Modelle der verschiedenen Fluggeräte zu sehen. Ein anderer berühmter Sohn der Hansestadt ist Günter Schabowski, der in den 1980er Jahren Mitglied des Politbüros der ehemaligen DDR war. Auf einer im DDR-Fernsehen live übertragenen Pressekonferenz am 9. Oktober 1989 verkündete er die neuen Reiseregelungen, und erklärte, dass diese sofort in Kraft treten würden. Damit fiel noch in der selben Nacht die Mauer, die fast 40 Jahre lang die BRD und die DDR voneinander getrennt hatte.

Die Hansestadt Anklam ist nicht nur wegen ihrer zahlreichen Sehenswürdigkeiten beliebtes Ziel bei Touristen, sondern vor allem auch wegen des reizvollen Umlandes. Empfehlenswert ist eine Ausflugstour in das Naturschutzgebiet

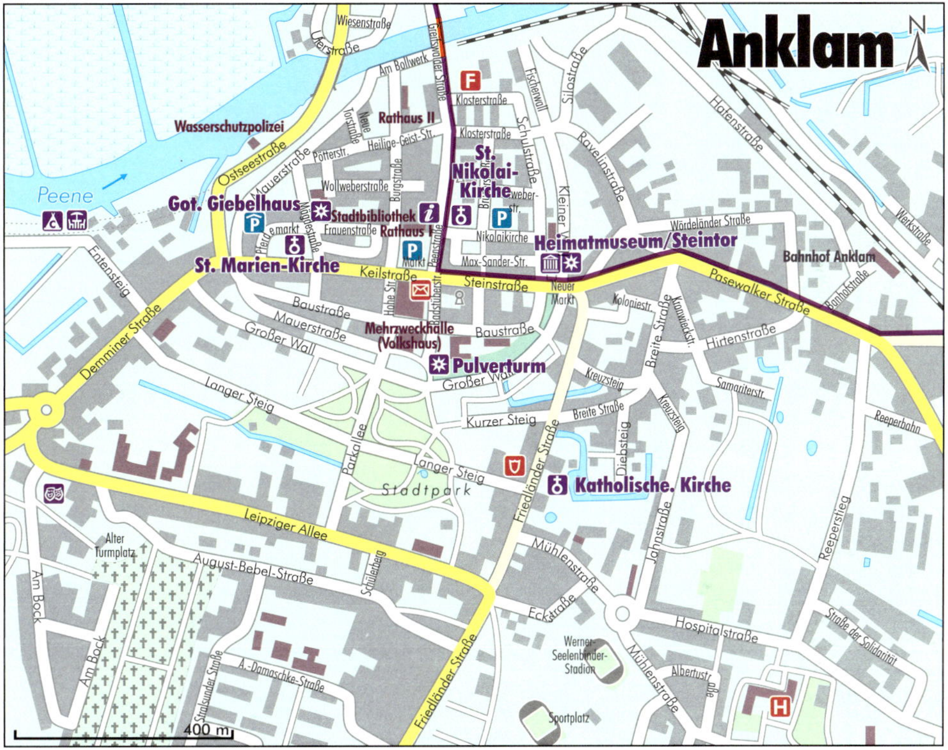

„Unteres Odertal" – sei es mit dem Kanu oder per Ausflugsschiff. Hier lässt sich nicht nur unberührte Natur entdecken, sondern auch jede Menge kulturhistorischer Sonderheiten wie Kloster- und Burgruinen oder Wikingergräber. Außerdem hat man von Anklam aus auch die Möglichkeit das Achterwasser zu erkunden. Ein weiterer Publikumsmagnet sind die zahlreichen jährlichen Veranstaltungen der Stadt: Im Frühjahr findet alljährlich das Trabi-Treffen statt, im Sommer lockt das Flugplatzfest zahlreiche Besucher an. Neben den Wiederaufbaukonzerten in der Kirchenruine St. Nikolai und den klassischen Konzerten in der Marienkirche, zählen vor allem das Hansefest an der Peene-Promenade und das Theaterspektakel „Die Peene brennt" zu den regelmäßigen Highlights der Hansestadt.

Von Anklam nach Peenemünde

102,5 km

Der dritte Streckenabschnitt führt Sie von der Hansestadt Anklam auf die grüne Ferieninsel Usedom. Sie überqueren den Peenestrom und fahren nahe der Südküste in die Stadt Usedom, die der Insel ihren Namen gab. Nach kurzer Steigung gelangen Sie bei Korswandt zum wunderschönen Wolgastsee, bevor Sie zu den bekannten Kaiserbädern Ahlbeck, Heringsdorf und Bansin mit ihren sandigen Stränden und belebten Promenaden kommen. An der Ostseeküste entlang fahren Sie bis zum nördlichsten Ort von Usedom und dem Zielpunkt dieser Tour, nach Peenemünde. Auf dem Weg dorthin können Sie ruhigere Gebiete der Insel und verlassene Sandstrände entdecken.

Die Strecke im Süden der Insel verläuft immer wieder auf wenig befahrenen Straßen; ab Zirchow gibt es zum größten Teil Radwege. An der Ostseeküste entlang führt der teils unbefestigte aber gut befahrbare Radweg durch schöne Wälder mit Blick aufs Meer.

Von Anklam nach Usedom 28 km

Es gibt auf der rechten Straßenseite einen Rad- und Fußweg ~ am Rathausplatz entlang ~ geradeaus bis an den Hafen ~ das Fahrrad über die Brücke schieben ~ am anderen Ufer geradeaus auf dem asphaltierten Radweg auf der linken Seite der **Greifswalder Straße** ~ unter der Bahn hindurch und auf die Bundesstraße zu ~ auf einem asphaltierten Radweg an der Bundesstraße entlang.

Neben der **B110** nach Relzow ~ am Ortsbeginn rechts vom Radweg in den Ort einbiegen.

Brücke über die Peene

Relzow

PLZ: 17390; Vorwahl: 03971

Pommersche Keramik, An der B 110, ✆ 242830. Bis zum 18. Jh. blühte das Töpferhandwerk in Pommern, in der Folgezeit wurde es fast vollständig vom Markt verdrängt. Erst in den 70er Jahren des 20. Jhs. wurde das vergessene Handwerk wieder aufgenommen.

Bei Relzow nach rechts auf die Pflasterstraße durch die Ortschaft ~ vor der Scheune rechts abbiegen ~ dem Linksbogen der Straße folgen ~ dann im Rechtsbogen über eine kleine Brücke ~ dem Linksbogen folgen und an den Häusern entlang ~ eine scharfe Linkskurve und geradeaus auf dem Radweg über die Felder in Richtung Bundesstraße ~ der Weg führt kurz vor der Bundesstraße einige Meter nach rechts ~ in der Rechtskurve der Straße geradeaus auf einen asphaltierten Weg ~ geradeaus in den Wald ~ nach ca. 3,5 Kilometern endet der unbefestigte Waldweg in Libnow an der **B110** ~ rechts weiter auf dem straßenbegleitenden Radweg.

Bergauf nach Pinnow und nun 7 Kilometer an der Bundesstraße entlang ~ kurz vor der

Hafen in Karnin

Zecheriner Brücke wechselt der Radweg die Straßenseite.

Tipp: ⚠ Vorsicht! Gefährliche Kreuzung!

Auf der linken Seite über die Brücke.

Tipp: Die Brücke stellt neben der Brücke bei Wolgast die einzige Straßenverbindung zur Insel Usedom dar. Von der Zecheriner Brücke aus haben Sie einen guten Ausblick auf die ehemalige Eisenbahnhubbrücke von Karnin.

Nach der Brücke wechselt der Radweg auf die rechte Straßenseite.

Tipp: ⚠ Vorsicht! Gefährliche Kreuzung!

Bei der Keuzung nach Karnin rechts abbiegen ~ der nächste Ort ist Zecherin.

Zecherin

Auf einer Allee führt die Route nun nach Karnin.

Karnin

PLZ: 17406; Vorwahl: 038372

🏛 **Denkmalensemble Karnin**, Im Historischen Bahnhof, Dorfstr. 12, ✆ 71446, www.infocenter-karnin.de

✲ **Hubbrücke.** In vergangenen Zeiten überquerte die Eisenbahn an dieser Stelle die Peene. Seit der Demontage der Schienen, trotzt die Brücke Wind und Wetter.

Durch den Ort im Rechtsbogen ~ an der folgenden Kreuzung zweigt rechts eine Pflasterstraße zur ehemaligen Eisenbahnhubbrücke ab.

Tipp: Diese Brücke ist auf jeden Fall den kurzen Abstecher wert. Es befindet sich hier ein Gasthaus im ehemaligen Bahnhof, ein netter Rastplatz und eben die monumentale Brücke, deren Geschichte auf einer Schautafel dargestellt wird.

Die Route führt auf der Ortsdurchfahrtsstraße durch Karnin hindurch ~ gleich darauf kommen Sie nach Mönchow.

Mönchow

Hinter der Ortschaft dem Straßenverlauf Richtung Wilhelmshof folgen.

Wilhelmshof

Nach der Ortschaft ist der Zustand der Straße wieder besser und es geht auf glattem Asphalt auf Usedom zu ~ in Usedom beginnt auf der rechten Seite ein rotgepflasterter Radweg ~ an der Vorfahrtsstraße rechts und durch das alte Stadttor.

Usedom

PLZ: 17406; Vorwahl: 038372

ℹ **Stadtinformation**, Bäderstr. 5, ✆ 70890

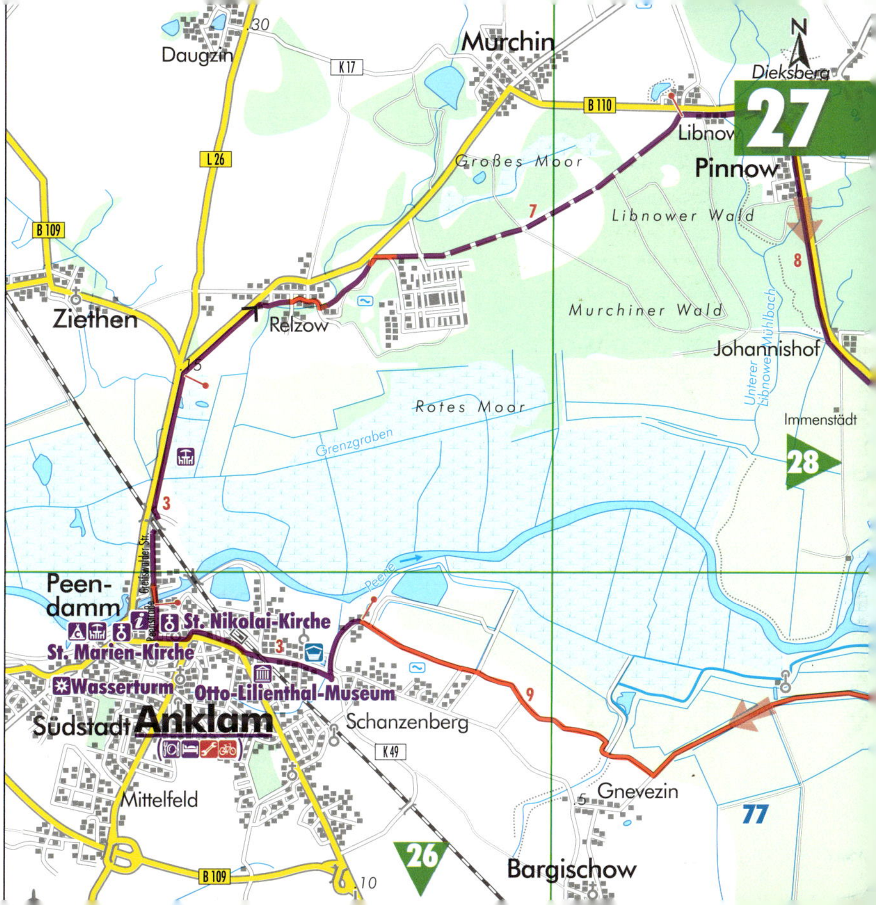

- **Anklamer Tor**, das 1450 erbaute Tor gilt als das Wahrzeichen der Stadt und beherbergt das Heimatmuseum, die Heimatstube.
- **Antiquitäten und Lebensart**, Swinemünder Str. 68, ✆ 70569. Sehenswert sind vor allem die zahlreichen Möbel vom Barock bis zum Jugendstil und das Buchantiquariat. Für das leibliche Wohlergehen wird durch Bio- und Naturkostprodukte gesorgt.

Von dieser Stadt hat die gesamte Insel ihren Namen erhalten. Er leitet sich aus dem slawischen Wort „uznam" = Mündung ab. Das Gebiet war seit der Jungsteinzeit besiedelt, ab dem 8./9. Jahrhundert von Slawen. 1298 erhielt die Siedlung Lübisches Stadtrecht. Von Mitte des 17. bis Anfang des 18. Jahrhunderts stand sie ununterbrochen unter schwedischer Herrschaft, danach hielten die Preußen Einzug.

1930 wurde die Bäderbrücke, vier Jahre später Europas modernste Eisenbahnhubbrücke erbaut. Heute, nach dem Rückgang der Landwirtschaft und der geringen Bedeutung der Industrie, liegt der Schwerpunkt auf dem Gebiet des Individualtourismus.

Die Insel Usedom

Die Insel Usedom verdankt ihre heutige Oberflächenform dem Eiszeitalter und der Nacheiszeit. Teile des Tieflandes wurden überschwemmt, die End- und Grundmoränenkuppen ragten jedoch aus dem Meer. Aus diesen Kuppen bestanden die drei Inselkerne von Usedom. Durch Verlandung und Versandung wuchsen sie zusammen. Heute noch verändern Wind und Wasser den Küstenverlauf. Parallele Strömungen zur Küste tragen Sand ab und spülen ihn an anderer Stelle wieder

an. Diesem Prozess verdankt die Insel seinen großteils steinfreien, breiten Sandstrand. Durch umfangreiche Küstenschutzmaßnahmen sollen Katastrophen, wie sie 1872 und 1874 passierten, verhindert werden. Damals überfluteten Sturmhochwasser die Insel zwischen Koserow und Zempin. Dabei wurde das Vorwerk Damerow zerstört.

Usedom wird auch als Badewanne der Berliner bezeichnet. Im Jahr 1824 wurde in Swinemünde das erste Seebad eröffnet, damals noch streng getrennt für Männer und Frauen. Heringsdorf, Zinnowitz und

28
29
27
26
Wangelkow
Jamitzow
Butterberg
Großer Seen
Kieksberg
Dieksberg
Libnow
Pinnow
Suckow
Pisselberg
Suckow Tannen
Jamitzower Hard
Neidbullen Hard
Lienholz
Weißer Berg
Usedomer Stadtforst
Pinnower Wald
Pinnower Forst
Klotzow
Peenestrom
Petersberg
Rathsort
Johannishof
Unterer Libnower Mühlbach
Fährhof
Kettelort
Immenstädt
Anklamer Tor
Swinemünder Str.
Paske
Neubau
Vossberg
Usedom
Stolpe
Schloss
Zecheriner Brücke
Schwemmort
Peene
Schadefähre
Klosterberg
Gneventhin
Zecherin
Gellenthin
Großer Ort
Richtgraben
Usedomer See
Welzin
Usedomer Winkel
Wilhelmshof
Jahnkenort
Kölpin
Denkmalensemble
Wilhemsfelde
Der Strom
Karnin
Westklüne
Ostklüne
Borkenhaken
Arftberg
Anklamer Fähre
Kamp
Mönchow
Eisenbahnhubbrücke
Ritut
Gnevezin
Bargischow
K 33
K 30
K 34
B 110
K 47
K 46
K 44
K 45
K 48
5,5
10
8
9
6

Ahlbeck folgten wenig später. Die Besuche von kaiserlichen und königlichen Familien – weshalb Ahlbeck, Heringsdorf und Bansin heute Kaiserbäder genannt werden – werteten die Seebäder auf und machten das Baden gesellschaftsfähig. Damit stand einer Weiterentwicklung des Tourismus nichts mehr im Weg. Doch die Insel ist nicht nur wegen ihrer weißen, sandigen Strände beliebtes Urlaubsziel, sondern auch wegen der Vielfältigkeit der Landschaft im Hinterland. Der Naturpark mit seiner abwechslungsreichen Mischung aus Seen-, Moor-, Wald- und Wiesenlandschaften, sowie Dünen und Steilufern an der Außenküste umfaßt den deutschen Teil der Insel und das angrenzende Festland und bietet nicht nur für geschützte Tiere und Pflanzen den idealen Lebensraum, sondern auch den Urlaubern Natur, Ruhe und Erholung. Infos zur Insel Usedom erhalten Sie bei der ***Usedom Tourismus GmbH****, Bäderstraße 5, 17459 Seebad Ückeritz, ✆ 038375/234-0, www.usedom.de*

Stolpe

Von Usedom nach Ahlbeck 32,5 km

Vorbei an der Kirche und in einer Linkskurve um diese herum ~ über den Marktplatz und geradeaus weiter auf der **Swinemünder Straße** ~ auf der rechten Seite beginnt ein Rad- und Fußweg ~ nach einem Kilometer rechts ab auf die **K44** Richtung Stolpe ~ hier gibt es einen rechtsseitigen Radweg ~ kurz nach der Kreuzung links, die Straße überqueren ~ auf den asphaltierten Rad- und Fußweg, der in den Wald führt ~ um die Schranke herum ~ nach ca. 3 Kilometern an eine Kreuzung vor Stolpe ~ auf dem gepflasterten Weg **Neubau** bis an die Vorfahrtsstraße ~ hier links.

Stolpe

PLZ: 17391; Vorwahl: 038372

- **Dorfkirche** (1871)
- **Schloss Stolpe**. Das vermutlich im frühen 17. Jh. errichtete Schloss war das Stammhaus einer Nebelinie der Grafen von Schwerin und wurde mit Unterbrechungen von der Familie auch bis 1945 bewohnt. Danach bezog die Rote Armee das Gebäude. In den 1990er Jahren wurde das Schloss renoviert und seit 2005 wird es als Veranstaltungszentrum genutzt.
- **Stolper Hof**, Ausbau 1, ✆ 71081. Der Stolper Hof ist ein ökologisches Tourismusprojekt mit Gaststätte, Pension und Erlebnisbereich.

Auf der **K44** nun Richtung Dargen – nach 5 Kilometern fahren Sie durch **Prätenow** hindurch ~ vorbei an einem Abzweig zu einem Rastplatz ~ weiter nach Dargen.

Dargen

PLZ: 17419; Vorwahl: 038376

- **Technik- und Zweiradmuseum Dargen**, Bahnhofstr. 1, ✆ 20290, ÖZ: April-Nov., Mo-So 10-18 Uhr. Eröffnet wurde das Museum im Jahre 1995. Neben den mittlerweile 3000 Ausstellungsstücken widmet sich der Museumsverein

Gothensee
Labömitz
Mellenthin
K 36
Korswandt
29
30
L 266
K 41
Ulrichshorst
Katschow
K 39
35
B 110
Kachlin
K 44
Mellenthiner Heide
Technik- und Zweiradmuseum
Wisentgehege
Dargen
Schmiedestraße
Görke
Zirchow
B 110
Zerninsee
Golm (69m)
Kamminke
Garz
Ernst-Thälmann-Str.
2,5
5
8
3
Prätenow
K 43
Bossin
Haffbergstraße
Garzer Straße
Neverow
K 43
Regionalflughafen Heringsdorf
K 42
Bergstraße
10
K 44
Gummin
Neubau
Stolpe
K 44
28
Naturpark Usedom
Kleines Haff

Bei Dargen

der Darstellung und Pflege von Zweirad- und Motorentechnik der ehemaligen DDR. Somit leistet das Museum einen wichtigen Beitrag zur Verkehr- und Technikgeschichte des 20. Jhs.

Wisentgehege

Die erste urkundliche Erwähnung des an der Usedomer Haffküste liegenden Ortes geht auf das Jahr 1386 zurück. In Dargen gibt es viele ur- und frühzeitgeschichtliche Fundorte, Zeuge dafür sind zum Beispiel die alten Trogmühlen, eine der ältesten Arten von Mühlen; mit dafür angefertigten Steinen wurde in einem Trog Getreide und Ähnliches zerkleinert. Die großteils noch unberührte Natur an der Haffküste bietet vielen selten gewordenen Tier- und Pflanzenarten einen ungestörten Lebensraum.

In der Linkskurve der Vorfahrtsstraße geradeaus in die **Schmiedestraße** ~ an der Gabelung rechts Richtung Bossin ~ auf dem asphaltierten Landwirtschaftsweg nach Bossin.

Bossin

An der Vorfahrtsstraße geradeaus in die **Haffbergstraße** ~ auf dieser bis nach Neverow ~ an Neverow geht es vorbei ~ in der Linkskurve rechts ab, den Radschildern folgen ~ in die **Garzer Straße** ~ diese führt asphaltiert in den Wald ~ an der Kreuzung, an der es rechts zum Haff geht, links halten Richtung Zirchow ~ zurück auf die Straße und rechts weiter ~ an der Vorfahrtsstraße links ~ bis Zirchow sind es 800 Meter ~ direkt am Flugplatz Heringsdorf vorbei nach Zirchow.

Zirchow

In der Rechtskurve der Vorfahrtsstraße ~ gleich wieder rechts dem Radschild folgen ~ auf den asphaltierten Rad- und Fußweg Richtung Garz ~ nach ca. 3 Kilomtern kommen

Sie nach Garz.

Garz

PLZ: 17419; Vorwahl: 038376

Dorfkirche St. Petri. Die Kirche ist das älteste Bauwerk in Garz. Der gotische Backsteinbau wurde im 15. und 16. Jh. erbaut, allerdings erfolgten im Laufe der Zeit einige Änderungen.

Slawischer Burgwall.

Tipp: Sie können von Garz einen Ausflug nach Kamminke machen. Kamminke ist der letzte Ort vor der polnischen Grenze und es gibt dort das Gasthaus Haffblick, einen Campingplatz, ein Strandbad und eine Schiffsverbindung nach Ueckermünde oder nach Polen.

Die Hauptroute führt an der Kreuzung geradeaus ~ an der Vorfahrtsstraße links Richtung Korswandt ~ wieder links in den Rad- und Fußweg auf der **Ernst-Thälmann-Straße** ~ der Radweg führt ab Ortsende geradewegs auf die **B110** zu ~ parallel dazu, dann rechts über eine kleine Brücke und über die **B110**.

Tipp: ⚠ Vorsicht: Gefährliche Kreuzung!

Hier auf der anderen Seite der **B110** weiter auf Asphalt ~ leicht bergauf in den Wald hinein ~ der Weg verläuft wellig an einem Rastplatz vorbei ~ nach ca. 3,5 Kilometern ist Korswandt erreicht.

Korswandt

Rot-gepflastert führt der Radweg beim Hotel Pirol vorbei an die Vorfahrtsstraße ~ hier rechts auf den Radweg ~ die Straße überqueren und auf dem linksseitigen Radweg weiter ~ vom Radweg links in den **Gothenweg** einbiegen.

Vorbei an der Wohnanlage **Am Forsthaus** ~ gleich wieder rechts Richtung Ahlbeck in den Wald ~ bergauf auf dem unbefestigten Waldweg ~ nach ca. 2,5 Kilometern geht es bergab vorbei an der Kleingartenanlage Ahlbeck ~ an die Vorfahrtsstraße ~ hier links und über die Bahn ~ an der **B111** rechts auf den Radweg Richtung Swinemünde ~ der Radweg wechselt bei der Bushaltestelle von der rechten auf die linke Seite ~ direkt vor der Grenze bei dem riesigen Parkplatz links einbiegen in den Rad- und Fußweg.

Dieser führt zum Strand und somit auf den Ostseeküsten-

Ahlbeck - Seebrücke

Radweg nun direkt an der Uferpromenade durch Ahlbeck hindurch.

Ahlbeck

PLZ: 17419; Vorwahl: 038378

Tourist-Information, Dünenstr. 45, ✆ 244-97

Insel- und Halligreederei, Adler-Schiffe, Laden 4, Heringsdorf, ✆ 038378/47790, www.adler-schiffe.de

Die wunderschöne **Seebrücke** war Schauplatz in einem Loriot-Film und feierte 1998 ihr 100-jähriges Jubiläum. Vor der Seebrücke befindet sich eine Normalzeituhr, die ein Kurgast stiftete.

Ahlbeck besitzt einen 70 m breiten **Strand**.

Ostseetherme Usedom, Lindenstr. 60, ✆ 273-0. Subtropisches Badeparadies mit Aussichtsturm.

Oberländer, ✆ 31684, Hol- und Bringservice

Die Geschichte des alten Fischerdorfes Ahlbeck geht bis in das 12. Jahrhundert zurück. Bis ins 17. Jahrhundert hinein war die Ortschaft eher spärlich besiedelt. Erst 1745 siedelten sich nach einem Edikt des Preußenkönigs Friedrich II. einige Kolonisten um den Ahlbecker See an. Weil man weitere Siedler gewinnen wollte, ließ man das Wasser des Ahlbecker Sees ab. Allerdings konnte man dadurch keinen Erfolg erzielen, weil das Land an dieser Stelle nicht zum Besiedeln geeignet war. Heute nennt man die Stelle an der sich der See befand das Fenn, es ist ein einzigartiges Gebiet unberührter Natur in Europa. Die Ahlbecker Orchideenwiese ist ein moorastiger Schilfgürtel, in dem viele Pflanzen gedeihen und seltene Vögel leben.

Von Ahlbeck nach Zinnowitz 28,5 km

Von Ahlbeck weiter auf der Ostseeufer-Promenade nach Heringsdorf.

Ahlbeck

Heringsdorf

PLZ: 17424; Vorwahl: 038378

Tourist-Information, Kulmstr. 33, ✆ 245-1

Insel- und Halligreederei, Adler-Schiffe, Laden 4, ✆ 47790, www.adler-schiffe.de

Museum für Literatur- und Regionalgeschichte, Maxim-Gorki-Str. 13, ✆ 22361, ÖZ: Mai-Sept. Di-So 10-18 Uhr, Okt.-April Di-Fr 10-16 Uhr.

Muschelmuseum, Promenade/Seebrücke, ÖZ: in der Saison tägl. 10-18 Uhr, sonst Do-So 10-18 Uhr.

Chapeau Rouge, Strandpromenade, ✆ 29171, Theaterzelt, Vorstellungen nur in den Sommermonaten.

- Die **Seebrücke** in Heringsdorf ist mit 508 Metern die längste Seebrücke Deutschlands. Sie wurde 1995 gebaut, nachdem die ursprüngliche Kaiser-Wilhelm-Brücke in den 1950er Jahren abgebrannt war.
- **Kunstpavillon**, Strandpromenade, ÖZ: Mai-Okt. tägl. 10-12 u. 13-19 Uhr, wechselnde Ausstellungen
- **Sternwarte**, Promenade, ✆ 31634, Führungen bei klarem Himmel Fr-So 22 Uhr u. nach vorheriger Absprache
- **NSG Gothensee** zu dem auch der Thurbruch, ein großes Torfmoor gehört.
- Fahrradverleih Uwe Pilgrim, Brunnenstr. 7, ✆ 22324

Auch in Heringsdorf auf der Uferpromenade weiter nach Bansin bei den ersten Häusern in kurzer links-rechts Kombination auf die **Bergstraße** in Richtung Strandhotel Bansin geradeaus am Strandhotel vorbei.

Bansin

PLZ: 17429; Vorwahl: 038378

- **Tourist-Information**, An der Seebrücke, ✆ 4705-0
- **Insel- und Halligreederei, Adler-Schiffe**, Laden 4, Heringsdorf, ✆ 038378/47790, www.adler-schiffe.de
- **Gedenkatelier Rolf Werner**, Seestr. 60, ✆ 29228
- **Tropenhaus**, Goethestr. 10, ✆ 2540, ÖZ: im Sommer tägl. 10-18 Uhr, im Winter 10-16 Uhr. In dem Haus können neben exotischen Pflanzen auch Tiere in Aquarien und Terrarien besichtigt werden.
- Reizvolle Seenlandschaft, in dem sich der **Große** und **Kleine Krebssee** und der **Schmollensee** befinden.

Die Seebäder Bansin, Heringsdorf und Ahlbeck bezeichnen sich als die Drei Kaiserbäder, wohl auf die Zeit verweisend, als Kaiser Wilhelm II., der Adel und das wohlhabende Bürgertum ihre Sommerfrische in den mondänen Bädern verbrachten. Spielcasino, Pferderennbahn und Strandprome-

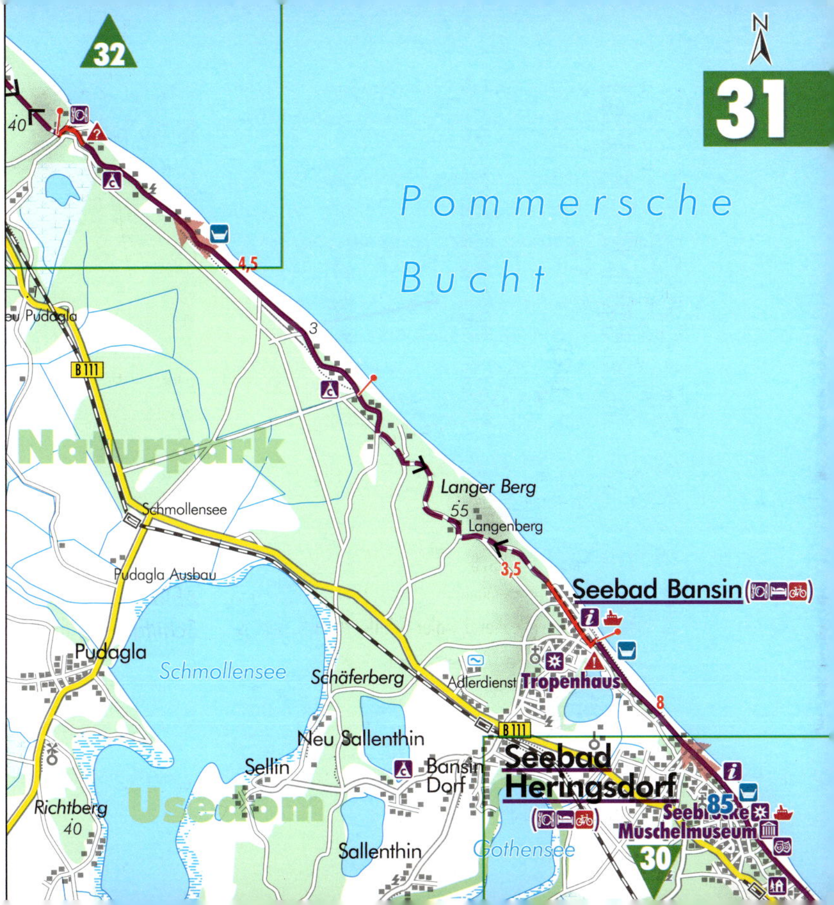

naden waren neben der Sonne, dem Wind und dem Meer andere Formen des angenehmen Zeitvertreibs.

Das älteste Seebad ist Heringsdorf. 1824 eröffnete der Badebetrieb. Bereits ein Jahr später wurden die ersten Logierhäuser und ein Gesellschaftshaus gebaut. Mit der Eröffnung der Dampfschiffverbindung Swinemünde-Heringsdorf entwickelte sich der neue Badeort zu einem der beliebtesten Ostseebäder in den 40er Jahren des 19. Jahrhunderts.

Anfang der 50er Jahre begann der Badebetrieb in Ahlbeck. Das benachbarte Seebad wuchs schnell und machte dem angestammten Heringsdorf recht ordentliche Konkurrenz. In beiden Bäderorten setzte in den 70er Jahren eine rege Bautätigkeit ein, die von eigens zu diesem Zweck gegründeten Gesellschaften finanziert wurde.

Bansin ist das jüngste Seebad in dem Dreiergespann. Im Gegensatz zu den beiden anderen wurde Bansin als reiner Bade-, Kur und Erholungsort 1896/97 erbaut. Der Name wurde dem wenige Kilometer landeinwärts am Gothensee gelegenen Bauerndorf entliehen. 1923 wurde Bansin als erstem Seebad das Freibaden erlaubt.

Kölpinsee

Allmählich wuchsen die Seebäder zusammen, so dass man von Bansin über Heringsdorf bis nach Ahlbeck entlang der Strandpromenade flanieren kann.

Vor der Tiefgarage des Strandhotels links hoch und an der nach 10 Metern folgenden T-Kreuzung rechts ab in Richtung Ückeritz ~ dem Verlauf des Radweges folgen bis Sie auf Asphalt gelangen ~ hier rechts und nach wenigen Metern an einer Schranke vorbei ~ durch den Campingplatz und eine zweite Schranke passieren.

Ückeritz

PLZ: 17459; Vorwahl: 038375

Kurverwaltung, Bäderstr. 5, ✆ 2520

Bei den Kiosken nach links abbiegen ~ gleich wieder rechts auf eine sehr hügelige Strecke ~ durch den Wald hindurch und weiter auf Asphalt am rechten Ufer des Kölpinsees ~ am Ende des Sees können Sie das Fahrrad über die Treppe hinauftragen oder diese umfahren.

Kölpinsee

PLZ: 17459;Vorwahl:038375

Kurverwaltung, Strandstr. 23, ✆ 22780

Um den **Kölpinsee** ranken sich geheimnisvolle Sagen.

Zinnowitz
Schmetterlingsfarm
33
32
Salzhütten
Otto-Niemeyer
Holstein-Gedenkatelier
Zempin
Lütten Ort
Damerow
„Uns Fischers Arbeitshütt"
Koserow
Streckelsberg
Mittelalterliche Kirche
Pommersche Bucht
Naturpark
Kölpinsee
Teufelsinsel
Wilhelmshöhe
Stubbenfelde
Achterwasser
Neuendorf
Gnitz
Netzelkow
Görmitz
Loddin
Tannenberg
Haubenhörn
Lütow
Ückeritz
Usedom
B 111
K 29
6,5
6
4,5
87
31

Parallel zum Ostseeufer radeln Sie von Kölpinsee nach Koserow.

Koserow

PLZ: 17459; Vorwahl: 038375

Kurverwaltung, Hauptstr. 34, ✆ 20415

Otto-Niemeyer Holstein-Gedenkatelier, Lüttenort, ✆ 20213, ÖZ: 15. April-15. Okt. tägl. 10-18 Uhr, 16. Okt.-14.April Mi,Do, Sa, So 10-16 Uhr, Führungen: April-Okt. tägl. jeweils um 11, 12, 14 u. 15 Uhr und nach Absprache, Okt.-April Mi-So 11, 12 u. 14 Uhr; Dauer der Führung 1 Stunde. Das Atelier mit seinem Skulpturengarten erinnert an den bedeutenden Maler von der Ostsee.

Salzhütten, Museum „Uns Fischers Arbeitshütt", ÖZ: 1. Mai-30. Sept.

Hier befindet sich die einzige mittelalterliche **Kirche** an der Usedomer Ostseeküste. Sie wurde Ende das 13. Jhs. als kleine Feldsteinkirche erbaut.

Streckelsberg (60m). Von der Aussichtsplattfrom haben die Besucher einen herrlichen Blick zum Peenemünder Haken, zur Insel Ruden, auf das Mönchsgut von Rügen, die Greifswalder Oie und auf die Insel Wollin.

Ortmann, Bahnhofstr. 4, ✆ 21360 (auch 🚲)

Oberländer, ✆ 038378/31684

Der Künstler Otto Niemeyer-Holstein ließ sich 1932 auf der Insel Usedom nieder. Er erstand für 60 Reichsmark einen ausrangierten Gepäckwagen der Berliner S-Bahn, den er an der schmalsten Stelle der Insel in der Nähe Koserows auf einer sumpfigen Wiese aufstellte. Seinen neuen Wohnort, in den er sich vor den Nazis zurückzog, benannte er nach seinem alten Segelboot „Lütten", Lüttenort.

In den folgenden Jahren baute er den „Wohnwagen" aus und neue Anbauten an. Er legte verschiedene Gärten um sein Domizil an, die vom Namen bis zur Gestaltung durchkomponiert sind. Überall finden sich Skulpturen und andere kleine Kunstwerke. Der angesehene Künstler der DDR verfügte, dass nach seinem Tod sein „Atelier-Wohnanwesen" in den Besitz des Staates übergehen sollte, wenn dieser dafür sorgte, dass das Anwesen unverändert erhalten bliebe und der Öffentlichkeit zugänglich gemacht würde. Diesem Wunsch entsprach die DDR.

Mehrere Mitarbeiter kümmern sich seither um die Gartenanlage. Es werden Führungen angeboten; außerdem sind in der neu angebauten Galerie Werke des Künstlers zu sehen.

Auf der Uferpromenade weiter ~ auf dem **Möwenweg** vorbei am **Otto-Niemeyer-Gedenkatelier** nach Zempin.

Zempin

PLZ: 17459; Vorwahl: 038377

Fremdenverkehrsamt, Fischerstr. 1, ✆ 42162

Salzhütten. In den alten Salzhütten, die sich noch in den Dünen befinden, wurde früher das Salz zum Heringssalzen gelagert.

Der **alte Ortskern** mit den rohrgedeckten Häusern liegt am Achterwasser.

In Zempin links und gleich wieder rechts und auf dem gekennzeichneten Rad-Wanderweg nach Zinnowitz.

Zinnowitz

PLZ: 17454; Vorwahl: 038377

Kurverwaltung, Neue Strandstr. 30, ✆ 4920

Insel- und Halligreederei, Adler-Schiffe, Laden 4, Heringsdorf, ✆ 038378/47790, www.adler-schiffe.de

Die Blechbüchse, Seestr. 8, ✆ 40936

33
Historisch-technisches Informationszentrum
Phänomenta
Peenemünde
U-Boot
Karlshagen
Kröslin
Hollendorf
K 24
Alte Peene
Naturpark
Karrin
Groß Ernst Hof
Mittelhof
Weidehof
Groß Ernsthof
Am Tierpark
Tannenkamp
Peenestrom
Zecherin
Mölschow
K 28
L 264
Usedom
Trassenmoor
Trassenheide
Schmetterlingsfarm
Zinnowitz
Bannemin
B 111
Pommersche Bucht
Salzhütten 89
Otto-Niemeyer-Gedenkatelier
Zempin
32
6
7,5
6,5

- Strandpromenade mit Seebrücke
- Meerwasserhallenbad
- Die Landzunge Gnitz mit dem Weißen Berg
- Kruggel, Dr. Wachsmann-Str. 5, ✆ 42869

Von Zinnowitz nach Peenemünde 13,5 km

Auf dem befestigen Radweg die Strandpromenade entlang ~ weiter parallel zum Strand ~ am Ortsausgang von Zinnowitz geradeaus weiter auf der Strandpromenade ~ in Trassenmoor nach links in Richtung Trassenheide ~ dem linksseitigen Radweg folgen.

Tipp: Wenn Sie geradeaus weiterfahren kommen Sie zur Schmetterlingsfarm Trassenheide. Mit einem Gelände von insgesamt 5000 qm ist sie die größte Europas. Seit dem 1. Juni 2005 kann man in der tropischen Freiflughalle mit Wasserfällen, Bergen und exotischen Pflanzen und im Insektenmuseum mehr über die Welt der Schmetterlinge und Insekten erfahren. Zu finden ist die Farm direkt beim Bahnhof Trassenheide, Wiesenweg 5, ✆ 03837/128218, ÖZ: tägl. 10-19 Uhr.

Greifswalder Bodden

Am Parkplatz vorbei und dann nach rechts in den unbefestigten Waldweg nach Karlshagen abzweigen ~ durch den Wald durch und in einer kurzen rechts-links-Kombination weiter geradeaus ~ auf der Asphaltstraße an den reetgedeckten Häusern und dem Campingplatz vorbei ~ Sie kommen ins Zentrum von Karlshagen.

Karlshagen

PLZ: 17446; Vorwahl: 038371

- **Touristinformation**, Hauptstr. 36, ✆ 20758 oder **Tourismusverein Insel Usedom Nord e.V.**, Strandstr. 22, ✆ 28135
- **Oberländer**, ✆ 038378/31684

Zu Anfang des 19. Jahrhunderts siedelten sich hier vor allem Handwerker und Bauern an. Die schöne Natur mit den grünen Wiesen, den Wäldern und dem feinsandigen Strand zog immer mehr Leute an. Schon in den 80er Jahren des 19. Jahrhunderts entwickelte sich das Arbeiterdorf zum Seebad. Noch heute zählt es zu den ruhigen Dörfern auf Usedom.

Im Zentrum von Karlshagen am Kreisverkehr nach links und auf dem rechtsseitigen Radweg geradeaus weiter ~ die Bahngleise und die Landesstraße überqueren und geradeaus weiter auf die **Peenestraße** auf den straßenbegleitenden Radweg auf der linken Fahrbahnseite ~ nach dem Umspannwerk nach rechts auf den Radweg in Richtung Peenemünde abzweigen ~ Sie fahren geradeaus weiter und kommen rechts an einem kleinen See vorbei ~ dem Ufer des Cämmerer Sees entlang bis nach Peenemünde ~ der Radweg mündet in die **Feldstraße,** dieser bis zur Hauptstraße folgen und dann nach links in Richtung Hafen ~ hier endet der Radfernweg Berlin-Usedom.

Peenemünde

PLZ: 17449; Vorwahl: 038371

Tourismusverein Insel Usedom Nord e.V., Strandstr. 22, Karlshagen, 28135

Apollo GmbH Fahrgastreederei, Zum Hafen 01, 20829. Es werden sowohl eine Fährverbindung nach Freest auf dem Festland angeboten, als auch Ausflugsfahrten zu den Inseln Ruden und Greifswalder Oie sowie spezielle Abendfahrten o. Ä.. (Informationen auch im Internet unter: www. schifffahrt-usedom.de)

Adler-Schiffe, Laden 4, Heringsdorf, 038378/47790. Die Schiffe verkehren zwischen den verschiedenen Seebädern auf Usedom, steuern aber acuh die Insel Rügen an (Nähere Informationen unter: www.adler-schiffe.de)

Historisch-Technisches Informationszentrum, Im Kraftwerk, 505-0, ÖZ: April-Sept. 9-18 Uhr, Okt.-März 10-16 Uhr, Nov.-März montags geschlossen. Während des Nationalsozialismus wurden hier Langstreckenraketen entwickelt und auch getestet. Das Museum zeigt die Entwicklung von damals bis heute. Außerdem gibt es eine Begegnungsstätte und eine Denkmallandschaft.

Phänomenta „Physik zum Anfassen", Museumstr. 12, 26066, ÖZ: 15. März-31. Okt. 10-18 Uhr. In dem interaktiven Museum werden naturwissenschaftliche und physikalische Phänomene dargestellt.

Pommersches Bettenmuseum, Am Flugplatz, 9907630, ÖZ: 10-18 Uhr.

U-Boot, Haupthafen, 28489, ÖZ: April-Juni 10-18 Uhr, Juli-15. Sept. 9-21 Uhr, 16. Sept.-Okt. 10-18 Uhr, Nov.-März 10-16 Uhr.

Das 1282 erstmalig urkundlich erwähnte Dorf war lange Zeit gerpägt von Landwirtschaft und Fischerei. Im Mittelalter passierte an diesem Ort nur wenig Aufsehenerregendes, umso mehr dann zu Beginn des Dreißigjährigen Krieges als hier die Schweden 1630 zum ersten Mal deutschen Boden betraten. Daraufhin wechselte der Ort oft seinen Besitzer, die ansässige Bevölkerung allerdings änderte ihre Lebensweise kaum. Erst als die Wehrmacht 1936 riesige Versuchsanstalten zur Entwicklung und Erprobung von neuen Waffen eingerichtet hatte, sollte sich dies ändern. Als unter Wernher von Braun der Start von Fernraketen geglückt war, erhoffte sich das NS-Regime eine Wende im Krieg. Man glaubte, mit den sogenannten „Vergeltungswaffen" seine Gegener besiegen und den Krieg doch noch für sich entscheiden zu können. Doch die Fernraketen hatten auf den Kriegsverlauf kaum Auswirkungen. Was blieb, war die Erinnerung an den verhängnisvollen Pakt zwischen Wissenschaft und Militär, der unzählige Opfer forderte. Nach dem Zweiten Weltkrieg nutzten sowjetische Fliegerverbände und Geschwader der DDR-Luftstreitkräfte das Gelände. Außerdem gab es auch einen Marinestützpunkt. In den 1990er Jahren wurden die Stützpunkte aufgelöst und ein Museum eingerichtet, in dem die Geschichte kritisch reflektiert wird.

In Peenemünde haben Sie nun das Ende Ihrer Radreise erreicht. Wir hoffen, Sie hatten einen erlebnisreichen und interessanten Radurlaub und freuen uns, dass Sie ein *bikeline*-Radtourenbuch als Begleiter gewählt haben. Das gesamte *bikeline*-Team wünscht eine gute Heimreise!

Bett & Bike

Bett & Bike

Alle mit dem Bett&Bike-Logo ( )gekennzeichneten Betriebe sind fahrradfreundliche Gastbetriebe und Mitglieder beim ADFC-Projekt „Bett&Bike“. Sie erfüllen die vom ADFC vorgeschriebenen Mindestkriterien und bieten darüber hinaus so manche Annehmlichkeit für Radfahrer. Detaillierte Informationen finden Sie in den ausführlichen Bett&Bike-Verzeichnissen – diese erhalten Sie überall, wo's *bikeline* gibt.

ADFC Allgemeiner Deutscher Fahrrad-Club

Übernachtungsverzeichnis

Im Folgenden sind Hotels (H, Hg), Gasthöfe (Gh), Pensionen (P) und private Unterkünfte (Pz), aber auch Jugendherbergen ( ) und Campingplätze ( ) der meisten Orte entlang des Radweges angeführt. Die Orte sind nicht in alphabetischer Reihenfolge, sondern analog zur Streckenführung aufgelistet.

Das Verzeichnis erhebt keinen Anspruch auf Vollständigkeit und stellt keine Empfehlung der einzelnen Betriebe dar.

Die römische Zahl (I–VII) nach der Telefonnummer gibt die Preisgruppe des betreffenden Betriebes an. Folgende Unterteilung liegt der Zuordnung zugrunde:

I	unter € 15,–	
II	€ 15,– bis	€ 23,–
III	€ 23,– bis	€ 30,–
IV	€ 30,– bis	€ 35,–
V	€ 35,– bis	€ 50,–
VI	€ 50,– bis	€ 70,–
VII	über € 70,–	

Die Preisgruppen beziehen sich auf den Preis pro Person in einem Doppelzimmer mit Dusche oder Bad incl. Frühstück. Übernachtungsbetriebe mit Zimmern ohne Bad oder Dusche, aber mit Etagenbad, sind durch das Symbol nach der Preisgruppe gekennzeichnet.

Da wir das Verzeichnis stets erweitern, sind wir für Ihre Anregungen dankbar. Die einfache Eintragung erfolgt für die Betriebe natürlich kostenfrei.

Berlin

Vorwahl: 030

In Berlin werden nur die Bett&Bike-Betriebe aufgelistet, um Informationen zu den anderen Unterkünften zu erhalten, wenden Sie sich bitte an die folgenden Touristinformationen.

Buchungsservice:

Berlin Tourismus Marketing, Infos: 250025, Online-Buchung: www.berlin-tourism.de

Tourismusverein Berlin Köpenick-Treptow e. V., Alt Köpenick 34, 12555 Berlin, 030/6557550 oder 6557551

Bed & Breakfast, Ahlbecker Str. 3, 10437, 44050582

Bed & Breakfast, Mehringdamm 66, 10967, 78913971

Zimmervermittlung Dentler, 56555111

Zentralreservierung für Jugendherbergen, 2623024

H Astoria, Fasanenstr. 2, 3124067, VI

H Dolce Berlin Müggelsee, Müggelheimer Damm 145, 658820, V-VI

H Waldrestaurant Müggelhort, Straße zum Müggelhort 1, 6592590, V

Hg Kastanienhof, Kastanienallee 65, 443050, V-VI

Gh Akademie Berlin-Schmöckwitz, Wernsdorfer Str. 43, 675030, V-VI

Hostel HOTEL4YOUth, Schönhauser Allee 103, 4467783, IV

Pegasus Hostel, Str. der Pariser Kommune 35, 2977360, II-III

The Sunflower Hostel, Helsingforser Str. 17, 44044250, II

Hostel am Tierpark, Erich-Kurz-Str. 4a, 51591459, IV
Hostel baxpax downtown, Ziegelstr. 28, 2515202, III-IV
Heart of Gold Hostel Berlin, Johannisstr. 11, 29003300, III
Mitte´s Backpacker Hostel, Chausseestr. 102, 28390965, III
DCC Kladow, Krampnitzer Weg 111-117, 14089, 3652797
DCC am Crossinsee, Wernsdorfer Str. 45, 12527, 6758687
DCC Dreilinden, Albrechts-Teerofen, 14109, 8051737
DCC Kohlhasenbrück, Neue Kreisstr. 36, 14109, 8051737

Zepernick

PLZ: 16336; Vorwahl: 030

Touristinfo Gemeinde Panketal, Frau Fiedler 9451110 oder Fremdenverkehrsamt Bernau (s. Bernau)

H Leos Hotel, Schönower Str. 59, 9450090, III
Pz Blaschke, Lechtaler Str. 43, 9443593
Pz Czylwik, Ulmenallee 1, 9444923, I-II

Bernau bei Berlin

PLZ: 16321; Vorwahl: 03338

Fremdenverkehrsamt, Bürgermeisterstr. 4, 761919

H Bernau, Zepernicker Chaussee 39, 70200, IV
H Zum Zicken-Schulze, Bauerstr. 2, 704580, III
Gh Waldsiedlung, Brandenburgallee 1, 03397/34500
Pz Finder, Rosa-Luxemburg-Str. 7, 2439
Pz Rabe, Tobias-Seiler-Str. 3, 38867, II
Pz Weber, Utestr. 4, 0172/8708590, I-II
Bh Helenenau, Helenenauer Weg 3, 3313; III

Ladeburg

Fremdenverkehrsamt Bernau, Bürgermeisterstr. 4, 761919

Pz Thaute-Loest, Bernauer Str. 35, 764968, I

Lobetal

PLZ: 16321; Vorwahl: 03338

Touristentreff Alte Schmiede, An der Schmiede 2, 66435

H Bonhoeffer-Haus, Bonhoefferweg 1, 66333, III

Rüdnitz

PLZ: 16321; Vorwahl: 03338

P Zur Linde, Bernauer Str. 7, 708773, III

Biesenthal

PLZ: 16359; Vorwahl: 03337

Informationsbüro des Tourismusvereins Naturpark Barnim e. V., Berliner Str. 1, 490718

P Menzel, Akazienallee 5, 45770, III
P Kleines Rathaus, Berliner Str. 2, 2162, II
P Am Alten Markt, A.-Bebel-Str. 29, 4005074,
Pz Udo, Rüdnitzer Chaussee 10, 40636, II

Lanke

PLZ: 16359; Vorwahl: 03337

H Seeschloß, Am Obersee 6, 2043, II
H Am Obersee, Oberseer Str. 3-4, 45140, III-IV
P Bellevue, Dorfstr. 17, 450934,

Finowfurt

PLZ: 16244; Vorwahl: 03335

P Naturfreundehaus Üdersee, Üdersee Süd 111, 45290, III (inkl. HP)
Pz Hampel, Luckenwaldstr. 4, 30754, II
Ferienpark Üderseecamp, Am Üdersee, 218

Eberswalde

PLZ: 16225; Vorwahl: 03334

Touristinformation Eberswalde, Steinstr. 3, 64520

H Central, A.-Nobel-Str. 2, 432170, III
H P&P Hotel, Eisenbahnstr. 40, 23058, III
H Valentino, Angermünder Str. 15, 30580, II
H Am Brunnenberg, 25870, V
H finesse, Angermünder Str. 43a, 38696, II
P Vandammé, Triftstr. 7, 9826, V
Pz Speer, Freienwalder Str. 33, 280114, II
Pz Müller, Eichwerderstr. 12, 38375, I

Niederfinow

PLZ: 16248; Vorwahl: 033362

Touristinformation „Am Schiffshebewerk", Lieper Schleuse, Parkplatz 1c, 71377

H „Am Schiffshebewerk", Hebewerkstr. 43, 70099, IV
Triangeltour, Dorfstr. 31, 70437

Chorin

PLZ: 16230; Vorwahl: 03366

H Haus Chorin, Neue Klosterallee 10, 500, III
H Neue Klosterschänke, Neue Klosterallee 12, 5310, IV

Althüttendorf

PLZ: 16247; Vorwahl: 033361

Tourist-Information, derzeit in der Stadtbibliothek, Joachimsplatz 1-3, 64632

P Ferien- und Freizeithotel Althuettendorf, Am Grimnitzsee, 479
P Hotel und Ferienpark Jacob, Am Grimnitzsee 3, 6260

Eichhorst

PLZ: 16244; Vorwahl: 03335

Tourist-Information „Alte Schmiede" in Groß Schönebeck, 033393/65 777

Süsser Winkel, 237
Pz Spolert, Mittelstr. 1, 7254, I
Pz Kolenda, Am Werbellinkanal 18, 656, I

Altenhof

PLZ: 16244; Vorwahl: 033363

H Kaiserhof, Dorfstr. 6, 033363/4020,
P Pension Poppe, Dorfstr. 13, 033363/3226
P Haus am See, Bergstr. 5, 033363/3249, III

Pz Kroboth, Waldstr. 2, ✆ 033363/3208, II

Pz Winkel, Joachimsthaler Str. 18c, ✆ 033363/46911, II

Joachimsthal

PLZ: 16247; Vorwahl: 033361

Tourist-Information, derzeit in der Stadtbibliothek, Joachimsplatz 1-3, ✆ 64632

Infopunkt des Biosphärenreservates Schorfheide-Chorin, Töpferstr. 1, ✆ 63380

H Zum Kaiserbahnhof, Am Bahnhof Werbellinsee, ✆ 71027,

H Am Werbellinsee, Seerandstr. 10, ✆ 227, II

H Wenzelhof, Schönebecker Str. 24, ✆ 6290, III

H Hubertusstock, Hubertusstock 1, ✆ 033363/505, V

P Zur Schorfheide, Zorndorfer Str. 12, ✆ 9605, II

Europäische Jugenderholungs- und Begegnungsstätte Werbellinsee, Joachimsthaler Str. 20, ✆ 6200

Am Spring, Werbellinsee, ✆ 033363/4232

Campingplatz Voigtwiese, ✆ 264

Parlow

Pz Kiewitt, Schmelzerstr. 43, ✆ 0172/2122098, II

Angermünde

PLZ: 16278, Vorwahl: 03331

Tourismusverein Angermünde, Brüderstr. 20, ✆ 297660.

H Flair Hotel Weiss, Puschkinallee 11, ✆ 23366, V

H am Seetor, Jägerstr. 25, ✆ 26560, IV

Hg Zur Mühle, Am Mühlenberg 2, Ortsteil Schmargendorf, ✆ 26470, III

P Eschert, Jahnstr. 41, ✆ 262610, III

P Köhler, Unterwall 4, ✆ 23892, III

P Zum Wiesengrund, Mürower Str. 6a, Ortsteil Frauenhagen, ✆ 033335/304919, II

Pz Morgenstern, Templiner Str. 17, ✆ 23428 oder 24499, II

Pz Gollin, Birkenallee 41, ✆ 21382, II

Pz Kunstmann, Birkenallee 8, ✆ 20408, II

Am Wolletzsee, ✆ 33533

Steinhöfel

PLZ: 16278, Vorwahl: 03331

Tourismusverein Angermünde e.V., Brüderstr. 20, ✆ 297660

P Bauernhof Kriegel, Ausbau 1, ✆ 033334/353, II, II

Stegelitz

PLZ: 17268, Vorwahl: 039887

Tourismusverein Region Gerswalde e.V., Andrea Rätz, OT Berkenlatten 7, ✆ 5087

Gh Gästehaus der Alten Schule, Dorfstr. 37, ✆ 61173, II-III

Warnitz

PLZ: 17291, Vorwahl: 039863

Tourismusverein Uckerseen e.V., Lindenallee 27, ✆ 78122

H Panorama, Quastweg 2, ✆ 63923, IV

Pz Kuhtz, Lindenallee 55, ✆ 7141

Naturcamping Oberuckersee, Lindenallee 2, ✆ 459

Seehausen

PLZ: 17291, Vorwahl: 039863

Tourismusverein Uckerseen e.V., Lindenallee 27, ✆ 78122

H Huberhof, Dorfstr. 49, ✆ 6020, V

Potzlow

PLZ: 17291, Vorwahl: 039863

Tourismusverein Uckerseen e.V., Lindenallee 27, ✆ 78122

P Zum Bauernhof, Prenzlauer Allee 14, ✆ 78068, III

Pz Jeserich, Abbau 1, ✆ 78438, III

Bh Pferdehof Ruhnau, Abbau, ✆ 6010, III

Zollchow

PLZ: 17291, Vorwahl: 03984

Fw Uckermärkischer Bauernhof, Dollshof 1, ✆ 6870, III

Röpersdorf

PLZ: 17291, Vorwahl: 03984

Tourismusverein Uckerseen e.V., Lindenallee 27, ✆ 039863/78122

H Schilfland, Straße am Uckersee, ✆ 6748, III-IV

Prenzlau

PLZ: 17291, Vorwahl: 03984.

Stadtinformation, Friedrichstr. 2, ✆ 833952

H Overdiek, Baustr. 33, ✆ 85660, IV-V

H Uckermark, Friedrichstr. 2, ✆ 36400, IV-V

H Wendenkönig, Neubrandenburger Str. 66, ✆ 8600, IV

Gh Gäststätte „Zur Fischerstraße", Uckerpromenade 15, ✆ 2614, III

P Sonnenschein, Friedhofstr. 21, ✆ 2656, III

Pz Franz, Friedenskamp 13, ✆ 4600, II

Pz Haase, Friedenskamp 15, ✆ 2453, II

Pz Zum „Ollen Voss", Schwedter Str. 32, ✆ 5110, II

Pz Meilicke, Wiesengrund 21, ✆ 5900, II

Jugendgästehaus „UckerWelle", Brüssower Allee 48a, ✆ 83220

Dedelow

PLZ: 17291, Vorwahl: 03984.

Stadtinformation, Friedrichstr. 2, ✆ 833952

H Landhotel Dedelow, Basedower Str. 2, ✆ 039853-2037, II-III

Wilsicko

PLZ: 17337, Vorwahl: 03975

Gh Oma Lentzes Kaffestübchen, Dorfstr. 2, ✆ 20699, II

Schmarsow

PLZ: 17309, Vorwahl: 039740

Stadtinformation Pasewalk, Prenzlauer Str. 23a, ✆ 03973/213995

P Neumann, Am Damm 3, ✆ 29598, II

P Gut Schmarsow, Hofstr. 1a, ✆ 29593, I (auch und Heuherberge)

Rollwitz
PLZ: 17309; Vorwahl: 03973
Pz Mönke, Siedlung 1, ✆ 431004, I

Pasewalk
PLZ: 17309; Vorwahl: 03973
i Stadtinformation, Prenzlauer Str. 23a, ✆ 213995, 251232
H Villa Knobelsdorff, Ringstr. 121, ✆ 20910, IV-V
H Pasewalk, Dargitzer Str. 26-29, ✆ 2220, V
H Am Park, Prenzlauer Str. 20, ✆ 20600, IV
Pz Richter, Dargitzer Str. 6, ✆ 431617, I
Pz Höfler, Steinbrinker Weg 6, ✆ 431616, I-II
Pz Eckert, Alte Försterei, ✆ 432472, I
Pz Geruschke, Steinbrinker Weg 4, ✆ 431611, I
Pz Kattner, Bahnhofsstr. 3a, ✆ 441267, I
Pz Lokschuppen, Speicherstr. 4, ✆ 216326, I, II
Pz Neumann, August-Bebel-Str. 6, ✆ 441665, I
Pz Wulff, Am Sportplatz 3, ✆ 216333, I, II
Pz Ziebarth, Scheringer Str. 19, ✆ 432941, I, II

Viereck
PLZ: 17309, Vorwahl: 039748
i Stadtinformation Pasewalk, Prenzlauer Str. 23a, ✆ 03973/213995
P Annenhof, ✆ 50823.

Torgelow
PLZ: 17358, Vorwahl: 03976
i Stadtinformation, Bahnhofstr. 2, ✆ 252154.
H „Haus an der Schleuse", Schleusenstr. 5b, ✆ 431778, III
H Zum Forsthaus, Anklamer Str. 10, ✆ 432697, III
Gh Goldener Adler, Pasewalker Str. 32, ✆ 202045, III, IV
Pz Fam. Haese, E.-Thälmann-Str. 15, ✆ 431517, II
Pz Foth, Ueckermünder Str. 12, ✆ 433202, I
Internationale Jugendbegegnungsstätte im Mittelalterzentrum „castrum turglowe", Friedrichstr. 1a, ✆ 202397, II

Eggesin
PLZ: 17367, Vorwahl: 039779
i Stadtinformation, Hans-Fischer-Str. 21, ✆ 26413
H Waldidyll, Luckower Str. 14c, ✆ 20544, III
H Garni, Ueckermünder Str. 2a, ✆ 039771/27111
P Bartelt, Heidestr. 3, ✆ 20305, III
P Zick, Stettiner Str. 36, ✆ 27355
P Stettiner Hof, Stettiner Str. 31, ✆ 20520

Ueckermünde
PLZ: 17373; Vorwahl: 039771
i Touristinformation, Ueckerstr. 96, ✆ 28484
H Haffhus, Dorfstr. 35, ✆ 5370, III-V
H Pommern Yacht, Altes Bollwerk 1 b, ✆ 2150, V
H Pommern Mühle, Liepgartener Str. 88 A, ✆ 2000, V
H Am Markt, Am Markt 3/4, ✆ 800, IV-V
H Lagunenstadt Ueckermünde AG, Zum Strand 2, ✆ 53029, III
P Peters, Haffstr. 1 b, ✆ 27819, II-III
P Zur grünen Heide, Berndshof 18, ✆ 22034, II-III
Ferien und Freizeit Kron Bellin, Dorfstr. 8b, Ortsteil Bellin, ✆ 5911-0

Grambin
PLZ: 17375; Vorwahl: 039774
H Haff-Hotel Grambin, Dorfstr. 67 a, ✆ 20392, III
Campingpark Oderhaff, Dorfstr. 66a, ✆ 20420

Mönkebude
PLZ: 17375; Vorwahl: 039774
P Landhaus Mönkebude, Am Kamp 7, ✆ 29930, III
P Goldener Löwe, Alte Dorfstr. 51, ✆ 20391
P Cafe und Bistro Mönke´s Bude, Am Kamp 7, ✆ 29930

Bugewitz
PLZ: 17398; Vorwahl: 039726
P Zum alten Hafen, Dorfstr. 10, ✆ 20592

Anklam
PLZ: 17389; Vorwahl: 03971
i Touristinformation, Markt 3, ✆ 835154
H Vorpommern, Friedländer Landstr. 20 c, ✆ 29180, III-IV
H Am Stadtwall, Demminer Str. 5, ✆ 833136, V
H Am Bollwerk, Neue Torstr. 5, ✆ 242524, V
H Schwarz, Eckstr. 1 a, ✆ 832742, IV
H Landhotel Rittergut Bömitz, Dorfstr. 14, ✆ 039724/22540, III-IV
P Am Flugplatz, Friedländer Landstr. 18 a, ✆ 258530
P 1a, August-Bebel-Str. 25, ✆ 833973
P Pension der Volkshochschule Ostvorpommern, Pasewalker Allee 23, ✆ 833123
P Möhr, Bluthsluster Str. 21 a, ✆ 210635, II
P Villa Reisefreunde, Spantekower Landstr. 20, ✆ 245866, II
Kanustation Anklam, Werftstr. 6, ✆ 242839

Zecherin
PLZ: 17406; Vorwahl: 038372
Fw Peters, Peenestromhof, ✆ 70649

Mönchow
PLZ: 17406; Vorwahl: 038372
Fw Steffens Ferienwohnung, Dorfstr. 14, ✆ 70665

Usedom
PLZ: 17406; Vorwahl: 038372
i Stadtinformation, Bäderstr. 5, ✆ 70890
H Norddeutscher Hof, Markt 12, ✆ 70266
Gh Natzke, Geschwister-Scholl-Str. 5, ✆ 70398

Suckow
PLZ: 19079; Vorwahl: 03861
H Zur Tenne, Am Dorfpl. 10 A, ✆ 301258

Stolpe
PLZ: 17406; Vorwahl: 038372
H Gutshaus Stolpe Relais & Chateaux, Dorfstr. 37, VI
H Stolperhof, Ausbau 1, ✆ 71081
Fw Kramer, Zur Trift 1-10, ✆ 0212/2591039, II-V
Fw „Am Haff", Zur Trift 4, ✆ 7530, V

Dargen

PLZ: 17419; Vorwahl: 038376

Gh „to ´n Eikbom", Haffstr. 19, ✆ 20421, III-IV

Fw Geithner, Haffstr. 34, ✆ 20340, III

Bossin

PLZ: 17419; Vorwahl: 038376

Fw Will B., Haffbergstr. 2, ✆ 28450, III

Zirchow

PLZ: 18528; Vorwahl: 038393

P Klemaschewski, Binzerstr. 34, ✆ 4960

Garz

PLZ: 18574; Vorwahl: 038304

P Am Wiesengrund, ✆ 347

Kamminke

PLZ: 17419; Vorwahl: 038376

P Haffblick, Wieckstr. 12, ✆ 20203

P Ferienhof Seepferdchen, An der Mühle 2, ✆ 29696, II

Ferienhof Seepferdchen, An der Mühle 2, ✆ 29696

Korswandt

PLZ: 17419; Vorwahl: 038378

H Pirol, Hauptstraße 10, ✆ 22120, IV

H Idyll am Wolgastsee, Hauptstraße 9, ✆ 22116, V

P Am Gothenweg, Am Gothenweg 4, ✆ 465150, IV-V

Fw Becker, Hauptstr. 1 b, ✆ 31869, II-III

Korswandt, Nähe Wolgastsee, ✆ 22110

Seebad Ahlbeck

PLZ: 17419; Vorwahl: 038378

Zentrale Zimmervermittlung 01805/583783 (0,12 €/Min.)

H Ahlbecker Hof, Dünenstr. 47, ✆ 620, VI

H Auguste Victoria, Bismarckstr. 1/2, ✆ 241-0, V-VI

H Meereswelle, Seestr. 11, ✆ 28116, V

H Möve, Kirchenstr. 8, ✆ 600, V

H Ostende, Dünenstr. 24, ✆ 510, VI

H Ostsee, Dünenstr. 41, ✆ 600, V-VI

H Residenz Waldoase, Dünenstr. 1, ✆ 500

H Seestern, Seestr. 14, ✆ 670, V-VI

H Strandhotel, Dünenstr. 19-21, ✆ 52-0, VI

Hg Eden, Goethestr. 2, ✆ 238-0, V-VI

Hg Villa Regina, Ritterstr. 7, ✆ 238-0, V-VI

Hg Villa Sophie, Dünenstr. 28, ✆ 520

P Carlsburg, Stresemannstr. 2, ✆ 22570, III-V

P Zur Eiche, Lindenstr. 108, ✆ 28258, III

P Frohsinn, Kaiserstr. 49, ✆ 32473, V

P Kastanienhof, Schulweg 1, ✆ 28368, IV

P Villa Transvaal, Friedrichstr. 11, ✆ 22162, V-VI

Pz Andreae, Siedlung am Bahnhof 15, ✆ 30298, I

Pz Arndt, Gothenweg, ✆ 30400, I

Pz Fellert, Seestr. 22a, ✆ 30157, I

Pz Hartwig, Bergstr. 8, ✆ 30044, II

Pz Kracht, Kirchenstr. 8, ✆ 22191, I

Pz Krenz, Siedlung Ostend 12, ✆ 30297, II

Pz Lasar, Karlstr. 5, ✆ 34732, I

Pz Villa Melanie, Neue Straße 9, ✆ 30088, I-II

Pz Niclas, Gothenweg 12a, ✆ 30393, IV

Pz Oechsner, Friedrich-Ebert-Ring 21, ✆ 30520, I

Pz Ott, Strandstr. 7a, ✆ 30199, II

Pz Pfeiffer, Dreherstr. 9, ✆ 28506, I

Pz Radke, Kieferngrund 3, ✆ 31391, II

Pz Reimer, Schulstr. 2, ✆ 28212, II

Pz Retzlaff, Siedlung am Bahnhof 25, ✆ 30284, I,

Pz Scharlau, Dreherstr. 18, ✆ 22102, II

Pz Schmidt, Kirchenstr. 1, ✆ 32723, I

Pz Schmigale, Strandstr. 2, ✆ 3550, II-III

Pz Scholz, Kaiserstr. 30, ✆ 32173, I

Pz Schulz, Fr.-Schiller-Str. 27, ✆ 28280, I

Pz Stachelhaus, Korswandter Weg 18, ✆ 22184, I

Pz Stegemann, Kleingartengelände 72, ✆ 28363, I

Pz Stengel, Dünenstr. 9, ✆ 28481, II

Pz Werner, Goethestr. 18, ✆ 30503, I

Heringsdorf

PLZ: 17424; Vorwahl: 038378

Kurverwaltung, Kulmstr. 33, ✆ 245-1 oder Zentrale Zimmervermittlung 01805/583783 (0,12 €/Min.)

H Coralle, M.-Gorki-Str. 57, ✆ 770, V-VI

H Villa Bleichröder, Delbrückstr. 14, ✆ 31952, V-VI

H Esplanade, Seestr. 5, ✆ 700, V-VI

H Am Gothensee, Am Gothensee 2, ✆ 31283

H Hubertus, Grenzstr. 1, ✆ 22971, VI-VII

H Kaiserhof, Strandpromenade, ✆ 650, VI

H Kurhotel, Delbrückstr. 1-4, ✆ 82222, V-VI

H Oasis, Strandpromenade, ✆ 265-0, VI-VII

H Pommerscher Hof, Seestr. 41, ✆ 610, VI-VII

H Seeck, Seestr. 1, ✆ 47180, V-VI

H Stadt Berlin, Bülowstr. 15, ✆ 22311, V

H Strandhotel, Liehrstr. 10, ✆ 232-0, V-VI

H Ostseeblick, Kulmstr. 28, ✆ 540, VI

H Boje, Kulmstr, 6, ✆ 264-0,V-VI

H Ostseestrand, Eichenweg 4-5, ✆ 630, VI-VII

H Residenz, Kanalstr. 1, ✆ 32000, V

H Wald und See, R.-Breidscheid-Str. 8, ✆ 47770, V

H Weißes Schloss, R.-Breidscheid-Str. 3, ✆ 31984, V

Hg Villa Luise, Lindenstr. 9, ✆ 22296, V

P Alexander, Friedenstr. 27, ✆ 30615, V

P Bethanienruh, Badstr. 11, ✆ 22430, II-IV

P Diekelmann, Schulstr. 5, ✆ 22744, III

P Dünenweg, Dünenweg 16, ✆ 22396, III

P Erdmann, R.-Breidscheid-Str. 7, ✆ 31678, II-IV

P Haus Flora, Kirchsteig 2, ✆ 47270, III-V

P Linde, Triftstr. 7a, ✆ 31189, IV-VI

P Mittag, Labahnstr. 13a-c, ✆ 31108, IV

P Villa Neptun, M.-Gorki-Str. 53, ✆ 260-0, V

Pz Beyer, Schulstr. 21, ✆ 31253, I

Pz Gottschalk, Lindemannstr. 16, ✆ II

Pz Hamann, Labahnstr. 21, ✆ 22449, I

Pz Hollatz, M.-Gorki-Str. 61, ✆ 22518, II

Pz Kaiser, Kulmstr. 30, ✆ 22208, II

Pz Kerlikowski, Badstr. 5, ✆ 22612, II

Pz Kohr, Delbrückstr. 49, ✆ 31834, II

Pz Lahl, Delbrückstr. 60, ☎ 22483, I
Pz Lange, Puschkinstr. 5, ☎ 30582, I
Pz Palfner, Am Gothensee 27, ☎ 31259, I-II
Pz Radke, Kulmstr. 29, ☎ 22540, II-III
Pz Roscher, Delbrückstr. 36, ☎ 30565, I-II
Pz Saß, Badstr. 12, ☎ 31107, II
Pz Sauer, M.-Gorki-Str. 6, ☎ 22753, II
Pz Schneider, Kanalstr. 3, ☎ 22427, I
Pz Schreiber, Labahnstr. 2, ☎ 22932, II
Pz Sprinzek, Neuhofer Str. 69, ☎ 22875, II
Pz Städig, Am Kanal 4, ☎ 22645, I
Pz Stahl, Am Schulberg 56, ☎ 30619, II
Pz Tucholke, Schulstr. 14, ☎ 22984, II
Pz Wießmann, A.-Bebel-Str. 12, ☎ 22728, II
Pz Wießmann, A.-Bebel-Str. 13, ☎ 22879, II
Pz Wießmann, Am Schulberg 68, ☎ 28931, I
Pz Zippel, Labahnstr. 3, ☎ 22615, I
Fw Haus Gaja, Im Seefeld 15, ☎ 47378, III
Jugendherberge, Puschkinstr. 7, ☎ 22325

Bansin

PLZ: 17429; Vorwahl: 038378

Kurverwaltung, An der Seebrücke, ☎ 4705-0 oder Zentrale Zimmervermittlung 01805/583783 (0,12 €/Min.)
H Admiral, Strandpromenade 36, ☎ 66-0, V-VI
H Atlantic, Strandpromenade 18, ☎ 605, VI
H Baltic, Bergstr. 7, ☎ 530, V
H Bansiner Hof, Strandpromenade 27, ☎ 55-0, V
H Buchenpark, Seestr. 83, ☎ 22958, V
H Forsthaus Langenberg, ☎ 29101, V-VI
H Germania, Strandpromenade 25, ☎ 2390, V
H Villa Ingeborg, Bergstr. 25/26, ☎ 29247, III-V
H Kaiser Wilhelm, Strandpromenade 26, ☎ 2420, V-VI
H Möwe, Strandpromenade 29, ☎ 272-0, V-VI
H Schloonsee, Badstr. 2, ☎ 29120, IV-V
H Parkhotel, Seestr. 55-57, ☎ 47000, IV-V
H Zur Post, Seestr. 5, ☎ 560, V
P An der See, Strandpromenade 17, ☎ 29346, IV-V
P Blumenthal, Bergsr. 36/37, ☎ 30821, III-IV
P Villa von Desny, Strandpromenade 4, ☎ 2430, V
P Elsbeth, Waldstr. 31, ☎ 29231, II
P Strandvilla Imperator, Bergstr. 11/12, ☎ 22576, III-V
P Sengbusch, Dorfstr. 21a, ☎ 31091, III
P Villa Strandglück, Strandpromenade 3, ☎ 29475, III-IV
P Wald am Meer, Fischerweg 6, ☎ 35410, V
Pz Ganzow, Dorfstr. 2, ☎ 31081, I
Pz Labahn, Seestr. 35, ☎ 30924, II
Pz Neufeldt, Seestr. 24, ☎ 30921, II
KDK-Camping, Waldparkplatz, ☎ 29248
Neusallenthin, An den Krebsseen 8, ☎ 31587

Ückeritz

PLZ: 17459 ; Vorwahl: 038375

Naturcampingplatz, Im Küstenwald, ☎ 20923
Camping Hafen Stagniess, Am Achterwasser, ☎ 20423

Kölpinsee

PLZ: 17459;Vorwahl:038375

Kurverwaltung, Strandstr. 23, ☎ 20612
Stubbenfelde, Im Küstenwald, ☎ 20606

Koserow

PLZ: 17459; Vorwahl: 038375

Kurverwaltung, Hauptstr. 34, ☎ 20231
Am Sandfeld, Am Sandfeld 5, ☎ 20759

Trassenheide

PLZ: 17449; Vorwahl: 038371

H Familotel Waldhof, Forststr. 9, ☎ 500, V
Ostseeblick, Zeltplatzstr., ☎ 20949

Zempin

PLZ: 17459; Vorwahl: 038377

Fremdenverkehrsamt, Fischerstr. 1, ☎ 42162
P Dünenhaus, Oberförsterweg 16, ☎ 42151, III-V
Am Dünengelände, Am Strand, ☎ 41363

Zinnowitz

PLZ: 17454; Vorwahl: 038377

Kurverwaltung, Möwenstr.1, ☎ 2220
H Kastanienhof, Ahlbecker Str. 14, ☎ 40924, IV
H Naturfreundehaus, Dünenstr. 45, ☎ 770, IV-V
H Asgard, Dünenstr. 20, ☎ 467-0, III
H Pommerscher Hof, Kiefernweg 4, ☎ 42643, III-V
P Barghus, Bergstr., ☎ 4590, VI excl. Frühstück
Campingplatz, ☎ 40348

Karlshagen

PLZ: 17449; Vorwahl: 038371

Touristinformation, Hauptstr. 16, ☎ 20758 oder Tourismusverein Insel Usedom Nord e.V. Strandstr. 22, ☎ 28135
H Nordkap, Strandstr. 8, ☎ 550, V
H Dünenschloß, Strandstr. 11, ☎ 2620, V
H Strandhotel, Strandpromenade 1, ☎ 2690, V
Gh Peenemünder Eck, Strandstr. 1, ☎ 21815, IV
Gh Letzter Heller, Gartenstr. 48, ☎ 28154, III
P Vratny, Maiglöckchenberg 19, ☎ 28415, III
Pz Schwalbe, Hauptstr. 23, ☎ 20234, III
Pz Dreischang, Dünenstr. 23, ☎ 05295-930233, IV
Dünencamp, Im Küstenwald, ☎ 20291 oder 20758

Peenemünde

PLZ: 17449; Vorwahl: 038371

Fremdenverkehrsverein „An der Peenemündung", Zum Hafen 4, ☎ 21464 Tourismusverein Insel Usedom Nord e.V., Strandstr. 22, Karlshagen, ☎ 28135
H Zur Zwiebel, Peeneplatz 3, ☎ 26439, III, IV
P Am Deich, Feldstr. 1a, ☎ 28582, IV
Fw Am Peeneplatz 4, ☎ 55528, III
Fw Csisko, Hauptstr. 24. ☎ 20422, III
Fw Arielle, Feldstraße, ☎ 0172-5149918, III, IV
Fw Koch, Feldstr. 1, ☎ 28231, III
Fw Teßnow, Zum Hafen 1, ☎ 21672, II

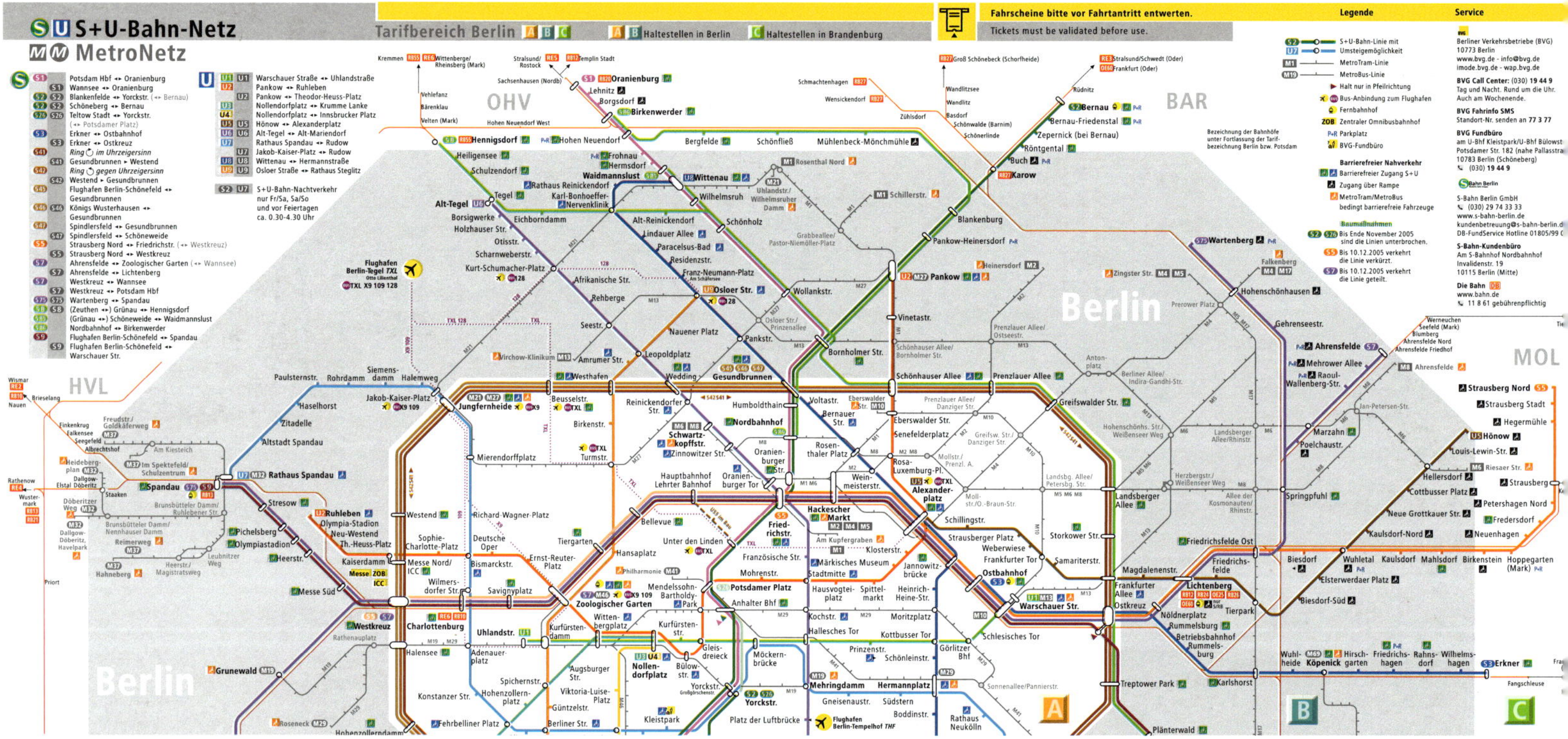
S+U-Bahn-Netz
MetroNetz
Tarifbereich Berlin A B C
A B Haltestellen in Berlin
C Haltestellen in Brandenburg
Fahrscheine bitte vor Fahrtantritt entwerten.
Tickets must be validated before use.
S1 Potsdam Hbf ↔ Oranienburg
S1 Wannsee ↔ Oranienburg
S2 Blankenfelde ↔ Yorckstr. (↔ Bernau)
S2 Schöneberg ↔ Bernau
S26 Teltow Stadt ↔ Yorckstr. (↔ Potsdamer Platz)
S3 Erkner ↔ Ostbahnhof
S3 Erkner ↔ Ostkreuz
S41 Ring im Uhrzeigersinn
S41 Gesundbrunnen ▸ Westend
S42 Ring gegen Uhrzeigersinn
S42 Westend ▸ Gesundbrunnen
S45 Flughafen Berlin-Schönefeld ↔ Gesundbrunnen
S46 Königs Wusterhausen ↔ Gesundbrunnen
S47 Spindlersfeld ↔ Gesundbrunnen
S47 Spindlersfeld ↔ Schöneweide
S5 Strausberg Nord ↔ Friedrichstr. (↔ Westkreuz)
S5 Strausberg Nord ↔ Westkreuz
S7 Ahrensfelde ↔ Zoologischer Garten (↔ Wannsee)
S7 Ahrensfelde ↔ Lichtenberg
S7 Westkreuz ↔ Wannsee
S7 Westkreuz ↔ Potsdam Hbf
S75 Wartenberg ↔ Spandau
S8 (Zeuthen ↔) Grünau ↔ Hennigsdorf
S85 (Grünau ↔) Schöneweide ↔ Waidmannslust
S86 Nordbahnhof ↔ Birkenwerder
S9 Flughafen Berlin-Schönefeld ↔ Spandau
S9 Flughafen Berlin-Schönefeld ↔ Warschauer Str.
U1 Warschauer Straße ↔ Uhlandstraße
U2 Pankow ↔ Ruhleben
U2 Pankow ↔ Theodor-Heuss-Platz
U3 Nollendorfplatz ↔ Krumme Lanke
U4 Nollendorfplatz ↔ Innsbrucker Platz
U5 Hönow ↔ Alexanderplatz
U6 Alt-Tegel ↔ Alt-Mariendorf
U7 Rathaus Spandau ↔ Rudow
U7 Jakob-Kaiser-Platz ↔ Rudow
U8 Wittenau ↔ Hermannstraße
U9 Osloer Straße ↔ Rathaus Steglitz
S2 U7 S+U-Bahn-Nachtverkehr nur Fr/Sa, Sa/So und vor Feiertagen ca. 0.30-4.30 Uhr
Legende
S+U-Bahn-Linie mit Umsteigemöglichkeit
MetroTram-Linie
MetroBus-Linie
Halt nur in Pfeilrichtung
Bus-Anbindung zum Flughafen
Fernbahnhof
ZOB Zentraler Omnibusbahnhof
P+R Parkplatz
BVG-Fundbüro
Barrierefreier Nahverkehr
Barrierefreier Zugang S+U
Zugang über Rampe
MetroTram/MetroBus bedingt barrierefreie Fahrzeuge
Baumaßnahmen
S2 S26 Bis Ende November 2005 sind die Linien unterbrochen.
S5 Bis 10.12.2005 verkehrt die Linie verkürzt.
S7 Bis 10.12.2005 verkehrt die Linie geteilt.
Bezeichnung der Bahnhöfe unter Fortlassung der Tarifbezeichnung Berlin bzw. Potsdam
Service
Berliner Verkehrsbetriebe (BVG)
10773 Berlin
www.bvg.de · info@bvg.de
imode.bvg.de · wap.bvg.de
BVG Call Center: (030) 19 44 9
Tag und Nacht. Rund um die Uhr. Auch am Wochenende.
BVG Fahrinfo SMS
Standort-Nr. senden an 77 3 77
BVG Fundbüro
am U-Bhf Kleistpark/U-Bhf Bülowst
Potsdamer Str. 182 (nahe Pallasstra
10783 Berlin (Schöneberg)
(030) 19 44 9
S-Bahn Berlin
S-Bahn Berlin GmbH
(030) 29 74 33 33
www.s-bahn-berlin.de
kundenbetreuung@s-bahn-berlin.d
DB-FundService Hotline 01805/99 C
S-Bahn-Kundenbüro
Am S-Bahnhof Nordbahnhof
Invalidenstr. 19
10115 Berlin (Mitte)
Die Bahn
www.bahn.de
11 8 61 gebührenpflichtig
OHV
BAR
HVL
MOL
Berlin
Flughafen Berlin-Tegel TXL
Flughafen Berlin-Tempelhof THF

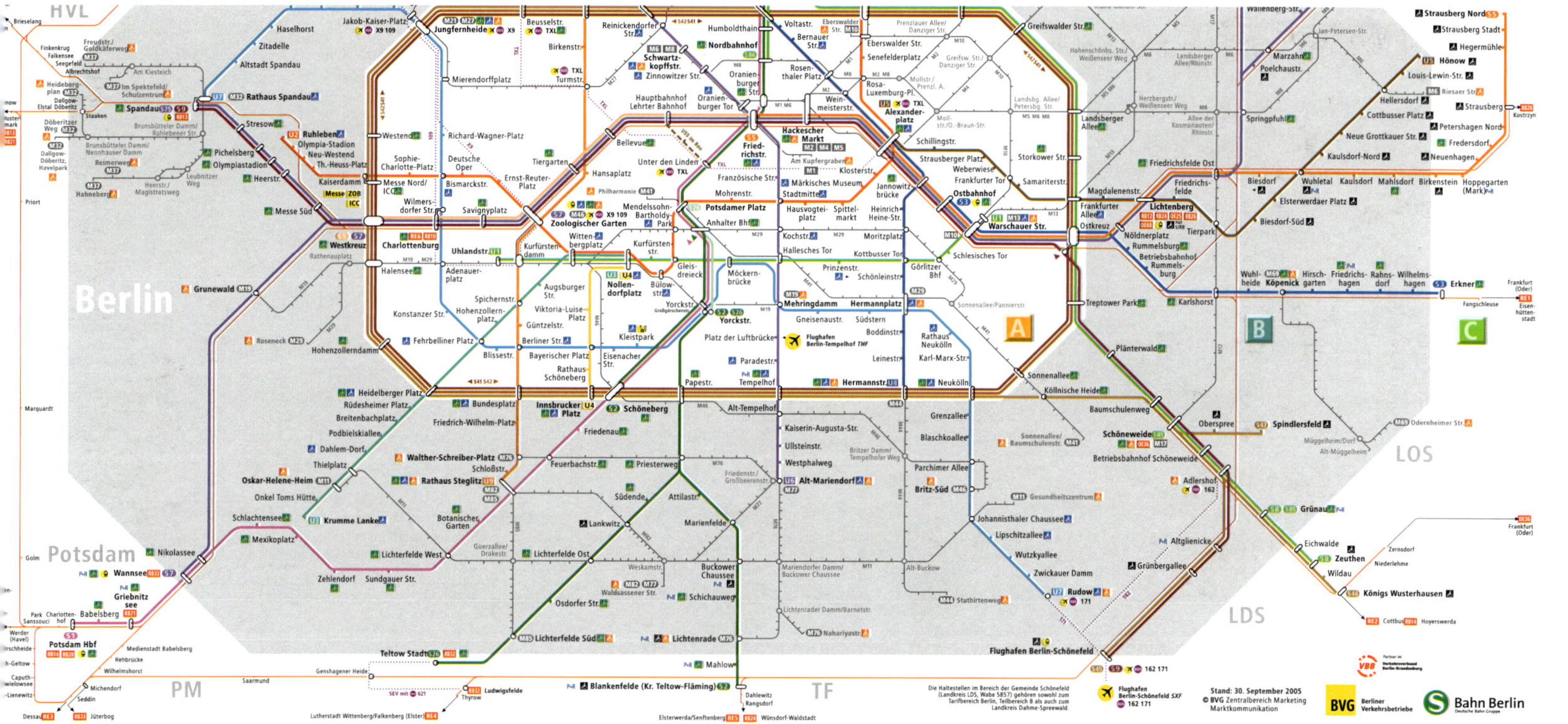

HVL
Brieselang
Finkenkrug
Falkensee
Seegefeld
Albrechtshof
Freudstr./Goldkäferweg
Haselhorst
Zitadelle
Altstadt Spandau
Heideberg-plan
Dallgow-Döberitz
Elstal
Im Spektefeld/Schulzentrum
Am Kiesteich
Staaken
Spandau
Rathaus Spandau
Döberitzer Weg
Brunsbütteler Damm/Ruhlebener Str.
Stresow
Brunsbütteler Damm/Nennhauser Damm
Reimerweg
Pichelsberg
Olympiastadion
Ruhleben
Olympia-Stadion
Neu-Westend
Th.-Heuss-Platz
Heerstr./Magistratsweg
Leubnitzer Weg
Heerstr.
Hahneberg
Kaiserdamm
Messe ZOB
ICC
Messe Süd
Priort
Westkreuz
Rathenauplatz
Grunewald
Berlin
Roseneck
Hohenzollerndamm
Marquardt
Heidelberger Platz
Rüdesheimer Platz
Breitenbachplatz
Podbielskiallee
Dahlem-Dorf
Thielplatz
Oskar-Helene-Heim
Onkel Toms Hütte
Schlachtensee
Krumme Lanke
Mexikoplatz
Nikolassee
Golm
Potsdam
Wannsee
Griebnitzsee
Babelsberg
Park Sanssouci
Charlottenhof
Potsdam Hbf
Medienstadt Babelsberg
Rehbrücke
Wilhelmshorst
Michendorf
Seddin
Werder (Havel)
Caputh-Schwielowsee
Dessau
Jüterbog
PM
Saarmund
Genshagener Heide
Ludwigsfelde
Thyrow
Lutherstadt Wittenberg/Falkenberg (Elster)
Teltow Stadt
Zehlendorf
Sundgauer Str.
Lichterfelde West
Lichterfelde Ost
Lichterfelde Süd
Botanischer Garten
Rathaus Steglitz
Walther-Schreiber-Platz
Schloßstr.
Feuerbachstr.
Friedenau
Lankwitz
Südende
Priesterweg
Attilastr.
Marienfelde
Osdorfer Str.
Buckower Chaussee
Schichauweg
Lichtenrade
Mahlow
Blankenfelde (Kr. Teltow-Fläming)
Dahlewitz
Rangsdorf
Elsterwerda/Senftenberg
Wünsdorf-Waldstadt
TF
Jakob-Kaiser-Platz
Jungfernheide
Beusselstr.
Birkenstr.
Turmstr.
Mierendorffplatz
Reinickendorfer Str.
Humboldthain
Nordbahnhof
Schwartzkopffstr.
Zinnowitzer Str.
Oranienburger Str.
Oranienburger Tor
Hauptbahnhof Lehrter Bahnhof
Westend
Richard-Wagner-Platz
Sophie-Charlotte-Platz
Deutsche Oper
Bismarckstr.
Tiergarten
Bellevue
Hansaplatz
Ernst-Reuter-Platz
Messe Nord/ICC
Wilmersdorfer Str.
Savignyplatz
Zoologischer Garten
Charlottenburg
Uhlandstr.
Kurfürstendamm
Halensee
Adenauerplatz
Konstanzer Str.
Fehrbelliner Platz
Spichernstr.
Hohenzollernplatz
Augsburger Str.
Wittenbergplatz
Viktoria-Luise-Platz
Güntzelstr.
Berliner Str.
Blissestr.
Bayerischer Platz
Rathaus Schöneberg
Eisenacher Str.
Nollendorfplatz
Kurfürstenstr.
Bülowstr.
Kleistpark
Yorckstr.
Gleisdreieck
Möckernbrücke
Mendelssohn-Bartholdy-Park
Potsdamer Platz
Anhalter Bhf
Philharmonie
Unter den Linden
Friedrichstr.
Französische Str.
Mohrenstr.
Stadtmitte
Hausvogteiplatz
Spittelmarkt
Kochstr.
Hallesches Tor
Mehringdamm
Platz der Luftbrücke
Flughafen Berlin-Tempelhof THF
Paradestr.
Tempelhof
Papestr.
Innsbrucker Platz
Schöneberg
Bundesplatz
Friedrich-Wilhelm-Platz
Alt-Tempelhof
Kaiserin-Augusta-Str.
Ullsteinstr.
Westphalweg
Alt-Mariendorf
Hackescher Markt
Am Kupfergraben
Märkisches Museum
Klosterstr.
Jannowitzbrücke
Heinrich-Heine-Str.
Moritzplatz
Kottbusser Tor
Prinzenstr.
Schönleinstr.
Hermannplatz
Gneisenaustr.
Südstern
Boddinstr.
Leinestr.
Hermannstr.
Rathaus Neukölln
Karl-Marx-Str.
Neukölln
Grenzallee
Blaschkoallee
Parchimer Allee
Britz-Süd
Johannisthaler Chaussee
Lipschitzallee
Wutzkyallee
Zwickauer Damm
Rudow
Voltastr.
Bernauer Str.
Rosenthaler Platz
Weinmeisterstr.
Rosa-Luxemburg-Pl.
Alexanderplatz
Eberswalder Str.
Senefelderplatz
Schillingstr.
Strausberger Platz
Weberwiese
Frankfurter Tor
Ostbahnhof
Warschauer Str.
Schlesisches Tor
Görlitzer Bhf
Storkower Str.
Samariterstr.
Greifswalder Str.
Landsberger Allee
Frankfurter Allee
Magdalenenstr.
Ostkreuz
Treptower Park
Sonnenallee
Plänterwald
Köllnische Heide
Baumschulenweg
Schöneweide
Betriebsbahnhof Schöneweide
Adlershof
Altglienicke
Grünbergallee
Flughafen Berlin-Schönefeld
Eichwalde
Zeuthen
Wildau
Königs Wusterhausen
Grünau
Spindlersfeld
Oberspree
Karlshorst
Wuhlheide
Köpenick
Hirschgarten
Friedrichshagen
Rahnsdorf
Wilhelmshagen
Erkner
Frankfurt (Oder)
Fangschleuse
Eisenhüttenstadt
Lichtenberg
Nöldnerplatz
Rummelsburg
Betriebsbahnhof Rummelsburg
Friedrichsfelde
Friedrichsfelde Ost
Tierpark
Biesdorf
Biesdorf-Süd
Elsterwerdaer Platz
Wuhletal
Kaulsdorf
Mahlsdorf
Birkenstein
Hoppegarten (Mark)
Springpfuhl
Poelchaustr.
Marzahn
Kaulsdorf-Nord
Neue Grottkauer Str.
Cottbusser Platz
Hellersdorf
Louis-Lewin-Str.
Hönow
Strausberg Nord
Strausberg Stadt
Hegermühle
Strausberg
Petershagen Nord
Fredersdorf
Neuenhagen
Kostrzyn
A
B
C
LOS
LDS
Cottbus
Hoyerswerda
Zernsdorf
Niederlehme
Die Haltestellen im Bereich der Gemeinde Schönefeld (Landkreis LDS, Wabe 5857) gehören sowohl zum Tarifbereich Berlin, Teilbereich B als auch zum Landkreis Dahme-Spreewald.
Flughafen Berlin-Schönefeld SXF
Stand: 30. September 2005
© BVG Zentralbereich Marketing Marktkommunikation
BVG Berliner Verkehrsbetriebe
S-Bahn Berlin

Ortsindex

Einträge in *grüner Schrift* beziehen sich aufs Übernachtungsverzeichnis.